40대에
기술 배워서
70대까지
**은퇴 걱정 없이
살기**

큰글자책 1쇄 발행 2023년 11월 30일

도서명 [큰글자책] 40대에 기술 배워서 70대까지 은퇴 걱정 없이 살기
지은이 : 김 훈
펴낸이 : 류종렬
편집·디자인 : 이다경, 김가영, 신은서, 박유진, 윤가희, 정보미
펴낸곳 : 미다스북스
기획위원 : 임종익
제작처 : 미다스북스
주소 : 서울시 마포구 양화로 133 서교타워 711호
전화 : 02-322-7802
팩스 : 02-6007-1845
전자우편 : midasbooks@hanmail.net

공급 및 판매처
제작 : 부건애드
주문 : 한국출판협동조합 kbook.biz 플랫폼
전화 : 070-7119-1791, 070-7119-1789
팩스 : 02-716-6769

ISBN 979-11-6910-361-9   03190
정가 22,000원
* 본 도서는 한국출판협동조합(kbook.biz)을 통해서만 구입이 가능합니다

인생 후반전은 기술로 먹고살아라

40대에 기술 배워서 70대까지 은퇴 걱정 없이 살기

김훈 지음

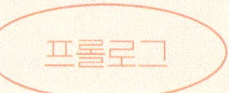

직장생활이 불안할수록
기술을 배워라

흔히 사람의 일생을 24시간에 빗대어 이야기한다. 이를 인생시간 또는 생애시간이라고 한다. 공식은 간단하다. '인생시간 = 24시간 × 지금 나이 ÷ 평균수명 80세'다. 20세면 새벽 6시, 40세면 낮 12시, 60세면 오후 6시가 된다. 평균수명을 100세로 놓고 보면 40세는 오전 9시 30분 즈음이다. 50살이 돼야 오전 일과를 마칠 시간인 낮 12시가 된다.

현재 나는 43살이다. 학업, 군대, 취업, 이직, 연예, 결혼, 출산같이 대단한 일들을 모두 끝냈는데 이제 겨우 오전 10시 30분이다. 직장인의 일과에 비유하자면 아침 회의가 끝나고 커피 한잔 마신 뒤 본격적으로 업무를 시작할 시간인 것이다. 놀랍게도 75세가 돼야 퇴근시간인 오후 6시가 된다. 한마디로 지금부터 거의 30년 동안이나 계속 일해야 한다는 얘기다.

30년은 상당히 긴 시간이다. 내가 돈벌이를 시작한 지 15년 남짓밖에 안 됐는데 그동안에도 수많은 우여곡절이 있었다. 앞으로 30년 더 우여곡절을 겪을 생각을 하니 심히 부담스럽다.

　　하지만 나는 이제부터 전개될 인생이 지난 15년과는 확연히 다를 거라고 확신한다. 지금의 나는 내가 처음 사회생활을 시작했을 때보다 훨씬 많은 것을 알고 있고 자신감도 생겼기 때문이다.

　　나는 충남 청양군의 시골 마을에서 태어나 농사짓는 부모님 슬하에서 자랐다. 모범생도 문제아도 아닌 평범했던 청소년기를 지나 지방 사립대를 졸업한 뒤 사회생활을 시작했다. 학벌도 시원찮고 변변한 기술도 없었기 때문에 나를 받아주는 조그만 회사에 취직하게 됐다. 하지만 회사에 정착하지 못하고 몇 번이나 이직을 반복했다. 나는 내 그릇이 작은 것을 그대로 둔 채 계속 이직해봤자 나아지지 않는다는 점을 인지했다. 그래서 서른두 살에 비로소 기술을 배우기로 마음먹었다.

　　그로부터 약 10여 년 동안 직장생활과 공부를 병행하며 10개의 국가기술자격증을 취득했다. 그리고 그 사이 대기업 계열사인 지금의 회사로 이직한 뒤 승진도 했다. 그 과정에서 나는 기술만큼은 믿을 수 있다는 생각을 하게 됐다. 기댈 곳 없던 불안한 직장인이 기술자라는 분명한 정체성을 가지게 됐으니 말이다.

물론 지금 내가 가진 기술은 이 시대에 써먹기 좋은 기술에 불과하다. 한 가지 기술로 평생 먹고살 수 있던 시대는 진즉에 끝났다. 나는 앞으로도 변화된 세상이 요구하는 기술을 계속 공부할 것이다. 그 이유는 최대한 오랫동안 안정적으로 일하기 위해서다.

예전에 아버지나 주변 어른들이 "얘야, 기술 배워라."라고 했던 말을 들어봤을 것이다. 그들은 자신이 살아가면서 얻은 경험과 정보, 혹은 스스로 터득한 인생의 지혜를 토대로 기술이 최선이라고 생각했던 것 같다. 그런데 재미있는 사실은 공부 잘하는 친구에게는 그 누구도 기술 배우라는 소리를 하지 않았다는 것이다.

과거의 나처럼 어중간한 학벌에 기술이나 특기도 없이 불안한 직장생활을 이어가고 있는 사람들에게 기술 배우기는 가장 믿을 만한 투자다. 쓸모 있는 기술을 보유하면 자신의 정체성과 사회적 위치를 공고히 할 수 있고, 노후에 대한 막연한 불안감도 떨쳐낼 수 있다.

이 책에는 왜 기술을 배워야 하는지, 어떤 기술을 배울 것인지, 어떻게 기술을 배울 수 있는지에 대한 나의 경험과 고민이 담겨 있다. 특히 기술을 배움으로써 은퇴 시점을 늦출 수 있다는 것에 초점을 맞췄다.

내 이야기가 어린 시절 어른들에게 들었던 말처럼 뻔하고 지루하게 들리지 않을까 하는 걱정이 앞선다. 나는 지극히 평범한 보통사람이다. 다만 결핍과 불안정한 삶에서 벗어나려고 애쓰다 보니 옛 어른들의 말씀을 이해하게 됐고 작은 지혜를 얻었을 뿐이다.

　이 책은 나같이 평범한 40대 직장인들이 읽었으면 한다. 내 이야기를 동년배 친구가 술자리에서 들려주는 솔직한 인생 스토리 또는 생존 노하우라고 생각해주면 고맙겠다.

　끝으로 이 책을 집필할 수 있게 용기를 준 아내와 아들, 그리고 두서없이 써나간 원고를 멋진 책으로 만들어주신 '미다스북스' 출판사 직원들께 감사를 표한다.

2장

어떤 기술을 선택할 것인가?

5장

기술자를 넘어 기술직 관리자가 되려면

에필로그

나를 믿고 지지해주는 가족을 위해

40대는
왜 기술을 배워야
하는가?

1장

평범한 삶,
그런데
참 쉽지 않네

먹고사는 모습은 다들 비슷하다

나는 40대 직장인이다. 앞에 '평범한'이라는 수식어를 붙이고 싶지만 과연 그럴 수 있을지 나의 과거와 현재를 간단하게 이야기해보겠다.

나는 충남 청양군 장평면 낙지리 사당골이라는 작은 부락에서 태어났다. 그야말로 시골 of 시골이다. 위로는 형이 있고 부모님과 할머니, 할아버지, 그리고 증조할머니까지 한 집에 살았다. 우리 집은 몇 마지기 논과

산비탈에 위치한 약간의 밭을 일궈 일곱 식구가 먹고 살았으니 형편이 좋지 않았다. 그러나 다른 집들도 대부분 비슷한 모습이었기 때문에 어린 시절의 나는 우리 집이 지극히 평범하다고 생각했었다. 대학교에 진학하여 도시 친구들을 만나고 나서야 비로소 내가 자라온 환경이 경제적인 면에서 어느 정도였는지 객관적으로 알 수 있었다.

우리 부모님은 정말 열심히 일하셨고, 또한 절약하셨다. 그 시절 부모님이 할 수 있는 최선은 그저 열심히 일하는 것밖에 없었을 것이다. 우리 형제가 둘 다 4년제 사립대학교를 졸업하고 직장에 들어가서 독립하기까지 부모님이 얼마나 많을 고생을 하셨는지 생각하면 죄송하고 감사한 마음이 든다. 어쨌든 나는 부모님 덕분에 대학교를 무사히 졸업하고 학군장교로서 군대생활을 마친 후 스물여섯 살에 첫 직장에 취직했다.

하지만 직장에 잘 적응하지 못해 20대에만 세 번이나 이직을 했다. 경력도 기술도 없는 사회 초년생이 이직을 해봤자 그저 그런 수준의 일자리밖에 구하지 못했을 테니 이직 후에도 매번 성에 차지 않아 계속 그만두었던 것이다. 그러다가 서른한 살에 한 번 더 이직을 했고 서른다섯 살이 되는 해 2월, 약간의 경력과 새로 취득한 자격증을 내세워서 여섯 번째 직장인 지금의 회사로 이직하는 데 성공했다. 현재는 직장인이자 한 가정의 가장으로서 '평범한' 40대의 삶을 살고 있다.

평범한 40대의 삶은 어떤 모습일까? 아직 어린 자녀들은 부모의 손을 필요로 한다. 아이들에게는 손만 가는 것이 아니라 돈도 점점 많이 들어간다. 가정을 유지하기 위한 비용이 증가하고 그 비용을 충당하기 위해서는 일정한 수입이 있어야 한다. 그렇기 때문에 경제적 활동, 즉 일을 멈출 수 없다.

직장생활이든, 장사든, 사업이든 일을 멈추면 안 된다는 사실은 명확하다. 그러나 지금 시대에는 그 어떤 것도 내가 원하는 만큼 안정적으로 오래 일할 수 있다는 보장이 없다. 직장에서는 성과를 내야 하고, 장사나 사업은 매출을 올려야만 일을 지속할 수 있는데 그것이 내 마음처럼 잘 되는 것이 아니기 때문이다.

그래서 40대가 하는 일은 결코 적당히 해서는 안 되며 그야말로 프로 같은 최선의 연속이어야 한다. 가정을 유지하기 위해 일을 하는데 그 일을 오래 지속하기 위한 방법마저 일을 더 열심히 하는 것이라니 비정한 느낌마저 든다.

혼자 살아도 별반 다르지 않다. 삶의 유지를 위해서는 비용이 들고 그 비용을 벌기 위해 노동을 해야만 한다. 게다가 노년기에 접어들면 지금만큼 돈을 벌기 어렵다는 사실을 알기 때문에 바로 지금 지독스러울 정도로 열심히 일 해야 한다.

다행히 40대는 사회적으로 보면 미숙하지도 노쇠하지도 않은 일하기 (또는 일시키기) 딱 좋은 나이다. 회사에서는 중추적인 위치에 있으면서 일도 많이 하고 다른 연령대에 비해 성과도 꽤 잘 낸다. 그래서 더욱 40대는 일을 멈출 수 없는 것이다.

몸도 마음도 아프니까 40대다

한창 일할 나이에 일할 수 있다는 것 자체가 복이라면 복이다. 하지만 그렇게 일에만 몰두하다 보니 정작 자신을 돌보는 것에 소홀한 경우가 많다.

40대는 가족, 직장, 사회활동 등과 관련하여 여러 가지 책임과 역할을 가지고 있기 때문에 항상 시간이 부족하다. 그래서 자신의 건강관리는 뒷전이 되기 일쑤다. 심지어 자신이 나이를 먹어서 신체적으로 노화하고 있다는 것마저 망각하고 30대에 하던 습관대로 몸을 무리하게 혹사시켰다가 탈이 나기도 한다. 이상하게 몸이 예전 같지 않은데도 그저 피로 탓이려니 하고 자신이 나이를 먹었다는 생각은 안 한다.

나는 오랜만에 근력운동을 한 번 했다가 목이 완전히 굳어서 머리를 거의 움직이지 못했던 적이 있었다. 병원에 갔더니 의사 선생님이 나에게 미련하다고 했다. 나이에 맞게 운동의 방법과 강도를 조절해야 하는데 나는 너무나 무식하게도 20대에 하던 대로 했던 것이다. 젊었을 때는 마음먹고 몇 주 정도 운동하면 금방 근육이 생겼는데 40대의 몸은 예전만큼 효율적이지 않다는 걸 깨달았다.

이제는 운동의 목적도 바꿨다. 젊어서는 근육질의 보기 좋은 몸을 만드는 것이 목적이었다면 지금은 일상생활을 버텨낼 체력을 기르는 것이 목적이 되었다. 뭔가 애처롭고 후퇴한 느낌이 들기는 하지만 계절에 맞게 옷을 갈아입듯이 나이 듦에 자존심을 고집할 이유가 무엇이 있겠는가.

40대는 건강에 대한 이슈 외에도 고독이라는 문제를 안고 살아간다. 현실에서의 고독은 그다지 낭만적인 단어가 아니다. 사실 40대는 힘들어도 힘들다고 내색하기가 어색한 위치에 있다. 40대는 아직 사회의 주도적인 계층은 아니지만 어쨌든 수입이 있고 사회활동을 하는 경제력을 갖춘 계층이다. 그래서인지 상대적 약자라고 할 수 있는 청년과 노인에 대한 사회적 관심이 높은 것과 달리 40대의 목소리를 들어주는 곳은 별로 없다. 나이를 먹을 만큼 먹었으니 선배들도 더 이상 고민이 있느냐고 물어봐주지 않는다.

한편 40대는 분하고 억울한 면이 있다. 지금의 40대들은 권위주의적인 시대 분위기 속에서 사회생활을 시작하여 조직 내 위계질서와 권위적인 상사에 익숙하다. 그런데 이제는 과거 선배들이 했던 것처럼 권위주의적인 행동을 함부로 하지 못하는 시대로 바뀌었다. 사람들의 의식구조가 바뀌면서 권위주의적 태도는 시대착오라는 취급을 받고 있다.

선배 세대들이 40대였던 시절에 그들은 선배로서, 상사로서 권위를 누렸다. 후배에게 막말을 쏟아내고 왕처럼 굴어도 주위에서 뭐라고 하는 사람이 없었다. 어쩌면 선배들은 그렇게 해서 본인의 스트레스를 해소했는지도 모른다.

그러나 오늘날에는 권위의 행사가 도를 넘을 경우 주위의 비난은 물론 직장 내 괴롭힘으로 법적 처벌을 받을 수도 있게 되어 더욱 언행을 조심해야 한다. 그럼에도 여전히 권위의식이 남아 있는 상사를 모셔야 하고, 눈치 따위는 보지 않는 후배들 사이에서 속앓이 하는 신세가 바로 요즘의 40대들이다.

사회가 공정하지 못한 것도 40대를 분노하게 한다. 우리 선배들이 과거 40대였던 시절에는 개천에서 난 용들을 심심찮게 볼 수 있었으나 오늘날 40대들 중에는 개천에서 난 용을 거의 볼 수 없다. 수저계급론에 등장하는 금수저니 흙수저니 하는 말은 기회의 불공정을 내포한 말이다.

현실에서는 돈이 있어야 스펙을 만들고 스펙이 있어야 기회를 주는 프로세스가 고착화되고 있다.

진심 어린 위로와 격려를 보낸다

40대의 이런 억울함과 불만, 그리고 불안을 어떻게 하면 해소할 수 있을까? 안타깝지만 해결 방법을 외부에서 찾기는 어려워 보인다. 정부와 사회는 상대적 약자인 청소년, 여성, 노인, 빈곤층 등에 더 주목할지언정 알아서 잘 살아갈 것만 같은 40대에게는 거의 신경을 쓰지 않기 때문이다. 결국 자기 스스로 관점의 변화와 긍정적인 마인드 셋을 통해 해결책을 모색할 수밖에 없다.

억울함이나 불공평함에 대한 감정은 스트레스를 유발할 뿐, 계속 생각해봐야 본인은 물론 문제 해결에도 아무런 도움이 되지 않는다. 상황을 객관적으로 돌아봐서 불가피한 상황은 받아들이고 자신의 감정을 인정하는 태도를 갖는 것이 중요하다. 세상이 진보하든 퇴보하든 그것은 자신이 어찌할 도리가 없는 불가피한 상황이므로 나쁘게 생각하지 말고 그냥 받아들이자. 불만을 내적으로 삼키려 하기보다는 가까운 친구, 가족,

신뢰할 수 있는 사람과 이야기를 나누는 것도 효과적인 스트레스 해소 방법이다.

끝으로 자신에게 긍정적인 메시지를 전하고 자신의 능력과 자원을 믿는 자세가 필요하다. 우리는 대체로 상식적인 말은 쉽게 잊거나 간과하는 경향이 있다. 사실 긍정에 대한 이야기는 너무 흔하고 상투적이다. 하지만 그것은 그만큼 많은 사람들이 긍정의 힘을 경험했다는 증거일 수도 있다.

물론 세상살이가 녹록지 않은 현실에서 매사에 긍정적이기는 힘들다. 이른바 '무한 긍정'은 부정적인 감정을 무시하고 가짜 감정으로 진짜 감정을 덮도록 강요한다. 부정적인 감정을 숨기고 행복한 척하는 것은 솔직하지 못한 행동이다. 이런 행동은 오히려 역효과만 낼 뿐이다.

"힘들 때 우는 사람은 삼류다. 힘들 때 참는 사람은 이류다. 힘들 때 웃는 사람은 일류다." 방송인 이상민 씨가 어느 방송에서 인용했던 명언이다.

일류는 대단한 사람이지만 왠지 안쓰럽게 느껴진다. 스트레스 받고 힘들 때는 울어도 된다. 일류가 되지 못하면 어떤가. 실컷 울고 나서 다시 정신만 차리면 되지 않겠는가. 긍정은 이때 필요한 것이다. 진짜 긍정은 '그래도 잘될 거라는 기대'가 아니라, '그래도 잘할 수 있다는 자신에 대한 믿음'이다.

평범함 속에서 변화를 추구하라

40대는 여전히 자신의 의지대로 삶의 방향을 바꿀 수 있는 나이다. 그렇지만 이미 40년 넘게 인생을 살아왔기 때문에 기존에 살았던 삶을 무시하고 드라마틱하게 인생을 반전시키기는 어렵다. 가장 현실적인 전략은 평범함을 유지하면서 평범하지 않은 삶을 추구하는 것이다.

평범하게 사는 삶은 일상적이고 보편적인 삶을 의미한다. 이는 다른 사람들과 크게 다르지 않은 일상과 일정한 생활 패턴을 유지함으로써 불안 요소를 최소화하고 예측 가능한 안정적인 삶을 추구하는 것이 특징이다. 또한 다른 사람들과 비슷한 삶을 살기 때문에 타인과의 공감대 형성이 잘 되고 갈등이나 사회적인 편견이 줄어들어 삶이 비교적 편안하다고 느끼게 된다.

그러나 평범한 삶은 새로운 도전이나 경험에 대한 욕구를 약화시키고 반복되는 일상 속에 자신을 계속 머물게 한다. 그 결과 남들과 차별화되는 자신만의 독특한 경험을 쌓을 수 없게 되어 사회적으로 주목받기 어렵고 경쟁력도 갖지 못하게 된다.

혹시 지금 평범하게 살고 있는가? 그렇다면 일단 감사하게 생각해라. 평범하다는 말은 '좋지 않지만 나쁘지도 않다'는 의미를 담고 있다. 평범함은 곧 안정을 의미하며 안정된 상태에서는 무엇이든 도전하고 시도할 수 있다. 즉, 평범한 당신에게는 모든 가능성이 다 열려 있다는 뜻이다.

현실과 삶의 연속성이라는 측면에서 보면 지금은 계속해서 평범한 삶을 이어갈 수밖에 없다. 그러나 오늘은 어제보다 딱 1%만 더 발전하겠다는 심정으로 하루하루 평범함을 특별함으로 바꾸는 작업을 해나가기 바란다.

불공평하면서
공평한 것이
세상이다

무엇 때문에 불공평한가?

전 세계에는 206개에서 237개의 국가가 있다고 한다. 국가 통계를 관리하는 기구마다 기준이 다르기 때문에 국가의 수가 제각각이기는 하나 어쨌든 지구상에는 200개 이상의 국가가 존재한다. 그리고 이 200여 개 국가 중에는 부강한 국가부터 중진국, 후진국, 빈곤을 면치 못하는 국가들까지 다양하게 포함되어 있다.

그런데 왜 어떤 국가는 부유하고, 또 어떤 국가는 가난하게 되었을까? 재레드 다이아몬드의 책『총, 균, 쇠』에서는 그 이유를 다음과 같이 설명하고 있다.

모든 것은 환경에 의해 결정되는데 그것은 우연에 따른다고 한다. 지금의 유럽 지역인 구대륙은 지형이나 기후적으로 농경을 하기에 수월했던 반면 다른 대륙은 구대륙에 비해 척박한 환경이라 농사가 힘들었다. 구대륙은 농경을 시작하면서 가축을 키우게 되었고 가축의 힘을 빌려 더욱 많은 양의 농작물을 생산했다. 그리고 이러한 잉여 생산물에 대한 사적 소유가 생겨나면서 계급이 분화하고 국가의 형성에 이르게 됐다고 한다.

같은 기간 다른 대륙은 척박한 환경으로 인해 여전히 원시적인 방식의 생존을 이어가고 있었다. 그 사이 국가를 형성한 구대륙 사람들은 신대륙으로 이동하여 정복 활동을 시작했다. 결국 신대륙 사람들은 구대륙 사람들에게 터전과 자유를 빼앗기고 말았다.

결론적으로 구대륙 사람들이 신대륙 원주민들보다 우월했던 이유는 애초에 농작물이 자라기 좋은 지역에 살았던 행운 덕분이다. 이런 차이가 문명의 발전 속도에 영향을 미쳤고 그 결과 현재까지도 전 세계 많은 나라, 80억 명의 사람들이 불공평한 상태에서 살아가고 있다.

국가 간의 격차가 지역적 특성에서 기인한 것이라면 억울해도 인정할 수밖에 없다고 생각한다. 그런데 동일한 국가에 속한 사람들이라고 해서 모두 똑같은 수준으로 살고 있는 것은 아니다.

우선 사람마다 타고나는 천부적인 차이가 있다. 누구는 외모가 뛰어나고 누구는 그렇지 않다. 누구는 재벌 2세로 태어났지만 누구는 가난한 가정에서 태어났다. 유전적으로 좋은 두뇌를 물려받은 사람도 있고 평범한 두뇌를 가진 사람도 있다. 건강한 사람도 있고 신체적 장애를 가지고 태어난 사람도 있다. 다른 가정은 다 화목한데 어떤 집은 항상 시끄럽고 아버지가 빚까지 남겼다. 이런 차이는 본인이 선택한 것이 아니라 태어나면서 결정된 것이므로 어쩔 수 없이 받아들이고 살아야 하는 것들이다.

하지만 이것보다 더 기가 막히는 일은 살아가면서 일어난다. 엄청난 경쟁률을 뚫고 상경계열의 좋은 학과에 입학했는데 졸업할 즈음에는 시대가 바뀌어서 나보다 공부 못했던 공대생들이 더 좋은 직장에 들어가고 높은 연봉을 받는다. 회사에서는 내가 일을 더 열심히 하는데도 불구하고 사내 정치에 노련한 다른 동료가 더 빨리 승진한다. 하물며 학창시절에 놀기만 하던 친구가 나중에 내 아내보다 더 예쁘고 능력 있는 여자와 결혼하면 씁쓸한 기분마저 든다. 세상에서 불공평한 일이라면 이런 것들뿐만 아니라 이루 말할 수 없을 정도로 많을 것이다.

사실 우리 사회에서는 대학이라는 것 자체가 이미 불평등의 결과이자 또 다른 불평등의 시작이라고 할 수 있다. 대부분 공부를 잘 하는 사람이 좋은 대학에 들어가는데 우리는 이것을 당연한 결과이며 공정이라고 생각한다.

그런데 공부를 잘 하려면 공부하기 좋은 환경이 뒷받침되어야 한다. 안정적으로 공부에 전념할 수 있는 집안 분위기와 능력 있고 지적인 부모의 충분한 지원이 있다면 공부가 상당히 유리해진다. 반면 공부 환경이 갖춰지지 않은 사람은 공부를 잘하기 어렵다. 학원이나 과외는 언감생심이고 집에서 공부할 분위기마저 제대로 잡히지 않는다면 제 아무리 의지가 강해도 성과를 내기 어렵다.

이런 측면에서 보면 대학 서열은 일정 부분 불평등의 산물이라고 할 수 있다. 게다가 사회에 나가서도 대학 간판이 평생 꼬리표처럼 따라다니며 기회가 있을 때마다 좋은 대학을 나온 사람들을 유리한 위치로 이끈다. 그런데 안타깝지만 이런 것들도 역시 우연적인 상황이나 행운에 기인한 결과라고 해야 할 것 같다.

모든 일은 사람이 노력한 만큼 의도한 결과가 만들어지는 것이 불변의 진리여야 마땅하나 인간이 사는 세상에는 우연적인 요소들이 개입되어 너무나 많은 차이와 다른 결과를 만들어 낸다. 그래서 실제로 사람들에게 일어나는 일들은 불평등하고 불공정하며 그렇기 때문에 살아가는 것이 힘겹게 느껴지는 것이다.

뿌린 대로 거두는 것 또한 세상 이치

젊은 시절에는 불공평한 일을 겪을 때마다 분하고 속이 상했는데 어느 정도 나이를 먹고 나면 세상사가 원래 다 그런 거구나 하며 무덤덤해지게 된다. 세상의 구조적 문제를 깊이 고민해보지 않더라도 직간접적으로 불공평한 경험을 여러 차례 해오면서 세상살이가 다 똑같지 않음을 직관적으로 깨닫고 받아들이는 것이다.

그렇다고 해서 냉소적이거나 비관적인 태도를 취할 필요는 없다. 이미 주어진 환경적인 요건 못지않게 세상에 대한 자신의 관점과 태도가 인생을 결정하는 데 있어서 중요한 영향을 미친다는 것 또한 사실이기 때문이다.

세상은 거시적으로는 구조적 불평등이 불가피하지만 개인적 차원에서 보면 공평한 부분이 꽤 많이 있다. 누군가의 인생에서 우연하게 좋은 결과가 만들어질 수는 있지만 그런 우연이 특정인에게 연속적으로 자주 일어나지는 않는다. 또한 어떤 면에서 좋은 점이 있다면 다른 면에서는 나쁜 점도 있기 마련이다.

나는 '운칠기삼(運七技三)'이라는 말을 좋아하고 인생의 신념으로 삼고 있다. '운칠기삼'은 운이 70%, 재주가 30%라는 말로서 모든 일의 성패가 운에 달려 있다는 뜻이다.

하지만 나는 이 뜻을 약간 다르게 해석해서 받아들였다. 운이 결정적인 역할을 하는 것은 맞지만 아무것도 없는 상태에서는 운이 발생할 수 없다. 즉 30%의 노력으로 기반을 조성하고 환경을 만들어 놓아야만 그 위에서 운이 발생하든지 말든지 할 것이다. 기본적으로 그물을 던지고 낚싯대를 드리워 놓은 다음에야 물고기가 걸릴지 말지 기대할 수 있는 것이지 아무것도 하지 않고 어떻게 운만으로 성공하기를 바라겠는가.

누군가는 유리한 환경에서 태어나고 누군가는 불리한 환경에서 태어나는 것이야 어쩔 수 없다 치더라도 살아가면서 자신의 노력으로 주어진 환경을 개선해나갈 수는 있다. 그렇게 개선된 환경에서는 운이 걸려들 가능성 높아지는 것이다. 방구석에 앉아 불평만 늘어놓는다고 해서 나아지는 것은 아무것도 없다. 하다못해 귀인을 만나고 싶다면 귀인이 다닐 만한 곳에 가서 어슬렁거리는 노력이라도 해보자는 것이 '운칠기삼'에 대한 나만의 해석이다.

우리는 세상이 불공평하다는 것을 인지하고 받아들이되 항상 불공평하지만은 않다는 사실도 기억해야 한다. 그리고 희망을 가지고 주어진 환경에서 내가 무엇을 할 것인가에 더 집중할 필요가 있다.

불안정한 직장인에서 기술자라는 정체성을 갖기까지

열등감은 청춘의 덫이다

나는 시골에서 태어났다. 내가 살던 집은 아궁이에 불을 때고 마당 한쪽에서 가축을 기르며 변소가 집 밖에 있는 전형적인 옛날 시골집이었다. 우리 집 형편이 넉넉하지 못했던 탓에 나는 없이 사는 삶이 익숙했지만 그것이 불편하다거나 부끄럽다고 생각하지는 않았다. 당시 시골에서는 다들 비슷한 수준으로 살았으므로 상대적 우열을 견주어볼 비교 대상이 없었던 것이 다행이라면 다행이었다. 부모님은 농사일에 최선을 다하면서 성실하게 사셨는데 먹고사는 게 바빠서 자식들에게 애정을 듬뿍 쏟거나 교육에 크게 신경을 쓰지는 못하셨다.

당연히 이런 성장 환경과 사춘기 시절에 가졌던 감정들이 나의 인격 형성에 많은 영향을 미쳤을 것이다. 나는 내가 평범한 가정에서 무난하게 자랐기 때문에 모나지 않은 원만한 성격을 가졌다고 생각하며 학창시절 친구들과의 관계도 좋았다고 자평한다. 하지만 군대 제대 후 대전에서 직장생활을 시작하면서 나의 소심하고 배타적인 본성이 드러났다.

나는 사회에서 만난 사람들과 사적으로 잘 어울리지 않았다. 사람들과 대화를 나눠보면 그들이 어떻게 살아왔는지 짐작할 수 있는데 그들의 평온했던 삶은 나의 지난 삶과 많이 달랐기 때문이다. 서로의 간극을 좁히려는 노력이 번거롭게 느껴졌고 굳이 남들에게 나의 성장 배경을 노출하여 선입견을 갖게 하기도 싫었다.

그러다 보니 사람들과 어울리는 것을 별로 좋아하지 않았고 내 속마음을 잘 내비치지 않는 습관도 생기게 됐다. 그리고 사람들을 대하면서 상대에게 공감하기 보다는 형식적으로 반응할 때가 많았다. 아마 그런 나의 모습이 그들에게는 부자연스럽고 작위적으로 보였을 것이다.

도시에서 태어나고 자란 사람들은 도시의 인프라와 문화적 혜택을 마음껏 누린 덕분에 경험이 풍부하고 왠지 더 똑똑해 보인다. 대중교통, 공원, 상가, 도서관, 각종 편의시설 같은 인프라들은 부자가 아닌 이들도 공평하게 이용할 수 있기 때문에 도시에 사는 것만으로도 질 높은 생활이 가능하다. 또한 그들은 소음이나 과밀, 혼잡 등 도시의 부정적 환경에도 이미 익숙해서 아무렇지 않게 잘 살아간다.

반면에 처음 도시 생활을 시작하면 낯설고 복잡한 도시 환경이 불편하여 자신도 모르게 경직되게 된다. 그렇다 보니 주위 사람들에게 모나게 행동하거나 방어적인 태도를 취하기 십상이다.

시골에서 자란 사람이 진학이나 취업을 위해 도시로 나왔을 때 어려움을 겪는 이유 중에는 촌놈 콤플렉스의 영향이 있다고 한다. 보통 시골 사람들은 이렇게 생각한다. '도시는 시골에 비해 크게 발전해 있으니까 그곳 사람들은 다들 잘났을 거야. 나는 궁벽한 시골에서만 살아서 아무것도 모르는데 도시 사람들이 나를 무시하면 어떡하지?'

이 생각의 첫 번째 논리는 어느 정도 타당성이 있으나 그럼으로써 도시 사람들이 나를 무시할 거라는 두 번째 논리는 근거가 없다. 즉 촌놈 콤플렉스는 말 그대로 자기 마음속 열등감일 뿐이다.

나 역시 사회생활 초기에 촌놈 콤플렉스로 인해 불편하고 부정적인 감정에 휩싸였던 날이 많았다. 솔직히 말하면 나는 촌놈 콤플렉스와 가난 콤플렉스, 그리고 시커먼 얼굴에 대한 외모 콤플렉스까지 다 가지고 있었다. 더구나 그 무렵에는 다니던 회사에도 잘 적응하지 못해서 세 번이나 이직을 했는데 매번 옮긴 회사가 성에 차지 않았고 월급마저 너무 적어서 나의 자존감은 상당히 낮아져 있었다.

나는 나 자신과 주변 상황을 개선하여 좀 더 당당하게 살고 싶었지만 어디서부터 무엇을 어떻게 해야 하는지 몰랐다. 남들보다 뛰어난 나만의 특기가 있으면 자신감이 생기지 않을까 생각하여 고등학교 때 독학으로 시작한 통기타를 더 열심히 친 적도 있고, 근육질 몸으로 어필하기 위해 운동을 무리하게 한 적도 있다. 또 자기계발 책들을 읽으면서 여러 가지 삶의 개선 방안을 찾아보기도 했다.

일반적으로 사람들은 누구나 일정한 수준의 결핍과 열등감이 있다. 어린 시절부터 외모, 성격, 학업성적, 경제력이나 가정환경 등 다양한 측면에서 축적된 것들이다. 그런데 나이가 들어가면서 가치관이 변하고 남들의 이목을 별로 신경 쓰지 않게 되기 때문에 젊은 시절에 느꼈던 콤플렉스의 영향은 점점 약해지기 마련이다. 하지만 그것은 세월에 의해 내면의 감각이 무뎌지는 과정일 뿐, 자존감이 높아지는 것과는 다르다. 따라서 자존감을 높이고 싶다면 적극적으로 변화를 시도해야 한다.

자존감을 높여주는 배움의 효과

내가 했던 여러 시도 중에 가장 효과가 좋았던 것은 바로 공부, 즉 배움이었다. 배움은 궁극적으로 자존감을 높여줄 뿐만 아니라 지식과 성장이라는 부산물도 선사한다. 나는 서른두 살에 처음으로 자발적인 공부를 시작했고 컴퓨터 자격증에 도전하여 몇 개월 만에 취득에 성공했다. 나는 평소에 내가 컴퓨터교육을 전공했음에도 자격증 하나 없다는 것이 부끄러웠는데 자격증을 취득함으로써 비로소 떳떳해진 기분이 들었다.

그 후로 지난 10여 년 동안 국가기술자격증 10개를 포함하여 총 13개의 자격증을 취득했다. 10여 년이 너무 재미없고 피곤했을 거라고 생각할 수 있겠으나 꼭 그렇지만은 않다. 평균적으로 매년 3~4개월 정도는 시험공부 기간으로 할애했는데 공부를 하면 할수록 삶에 대해 자신감이 생기고 자존감도 높아지는 기분이 들었다.

그리고 공부를 하면서 학창시절에는 몰랐던 공부의 긍정적인 효과들을 분명하게 알게 됐다. 공부에 몰입해 있는 동안에는 안 좋은 감정이 사라지게 된다. 공부하느라 바빠서 남들을 신경 쓰지 않게 되고 열등감이나 우울함 따위를 느낄 만큼 한가하지도 않기 때문이다.

또한 공부를 통한 성숙이 어느 단계를 넘어선 순간부터는 자신의 정체

성이 더 뚜렷해진다. 예를 들어 "너의 직업이 무엇이냐?"라는 질문에,

"우리 회사는 ○○회사인데 케이블TV 사업을 하고 있지. 나는 그 회사에 다니는 직장인이야."라고 대답한다면 이 사람의 직업은 그냥 '직장인'이다.

반면 "나는 케이블TV 사업을 위해 전송망을 구축하고 관리하는 엔지니어야. ○○회사에 다니고 있지."라고 대답하는 사람의 직업은 '엔지니어'인 것이다.

나는 20대부터 30대 중반까지 꽤 오랜 시간을 그럭저럭 '살아지는 삶'을 살았던 것 같다. 삶의 우선순위에서 꿈보다 생계를 앞세우며 그것을 핑계로 자기 자신과 적당히 타협하면서 편안하고 쉬운 선택만 해왔다.

냉정하게 바라보면 내 주위에 있는 많은 사람들 역시 나와 크게 다르지 않다고 생각한다. 물론 대부분 사람이 나름대로 열심히 살고 있다. 하지만 그들은 단지 생계를 위해 하루하루를 성실하게 살아가는 것이지, 꿈을 갖고 일관된 노력을 지속하는 것은 아닌 듯하다. 자녀들에게는 꿈을 가지라고 가르치면서도 정작 우리는 꿈을 잃어버린 채 살고 있는 것이다.

그러나 오히려 지금이 더 꿈이 필요한 때라고 생각한다. 40대는 다시

꿈을 꾸기에 딱 좋은 나이다. 30대는 아직 미숙하고 50대는 다소 노쇠한 느낌이 들지만 40대는 젊음의 에너지가 있으면서 연륜의 노련함이 자리를 잡아가는 시기이기 때문이다.

나는 40대에 접어들어 다시 꿈을 꾸기 시작했다. 나의 꿈은 단순히 기술자가 되는 것이 아니다. 기술자로서의 나의 경험과 생각, 공부하는 노하우를 다른 사람들과 나누는 것이다. 인터넷 카페에 글을 공유하고 책도 쓰고 강연도 하면서 말이다.

40대의 꿈은 특유의 무게감과 설렘이 있다. 그리고 청년들의 꿈만큼 섬세하지는 않지만 매우 강한 확신과 가치가 담겨 있다. 2023년 봄의 어느 날 밤, 가족들이 잠든 이후에 홀로 나의 꿈을 위해 무언가를 하고 있는 이 순간에도 나는 삶의 보람을 느낀다.

영업팀 이 과장이
기술팀 김 과장을
부러워하는 이유

월급쟁이들의 공통된 고민

내가 지금의 회사로 이직했을 때 나는 이전 회사의 경력을 인정받아 대리 직급을 달고 왔다. 충북 청주에 있는 충북지사에 배치되면서 함께 일할 여러 직원을 만나게 됐는데 그중 나와 동갑인 직원이 한 명 있었다. 영업팀 이 모 대리였다. 그는 나와 입사 동기는 아니지만 동갑이라는 이유로 이 대리가 먼저 친구 하자고 제안을 했다.

그를 조금 겪어보니 그는 남자다운 시원스러운 성격에 상당히 성실한 사람이었다. 이 대리는 중요 고객들 가운데서 기술적인 클레임이 발생하면 가장 먼저 나를 불렀다. 내가 내성적인 탓인지 우리는 사적으로 그리 친하게 지내지는 않았지만 업무적으로 서로 많이 도와주면서 남다른 신뢰를 갖게 됐다. 이 대리는 나보다 먼저 과장으로 승진했고 그로부터 2년 뒤에 나도 승진하여 과장이 됐다.

언젠가 무더운 여름날, 그때도 이 과장의 부름을 받고 현장에 나가 고객의 요구사항을 해결한 뒤 그와 함께 점심을 먹었다. 이 과장은 자주 가는 맛집이 있다며 부산밀면 집으로 나를 데려갔다.

식사를 하면서 일 얘기, 음식 얘기, 자식 얘기를 나누다가 문득 이 과장이 정색하며 말했다. "야 김 과장, 나는 네가 부럽다." "뭐가?" 내가 물었다. "너는 기술이 있잖아. 전기자격증 있으면 갈 데 많지? 나는 뭐 실적 때문에 만날 스트레스만 받지, 이거 아니면 할 게 없으니까 더 힘들다." 이 과장이 한숨을 쉬었다. "뭐여, 능력 있는 사람이 그런 말을 하면 어떡해. 전기자격증 있으면 취직은 잘된다고 하대. 그런데 대우가 안 좋아. 당장 회사 잘리면 전기업체에 취직해서 임시로 먹고살 수는 있겠지." 나 역시 힘없이 대답했다. "그래도 기술이 있으니까 얼마나 든든하냐? 나는 네가 부러워." 그날 저녁 나는 이 과장의 말을 곱씹어 보았다.

나나 이 과장이나 어차피 월급쟁이 신세인 건 마찬가지다. 둘 다 성실하게 일하지만 만의 하나라도 회사에서 잘리게 되면 막막한 것 또한 같다. 이 과장의 아버지가 벼농사를 짓는다고 하니 그 역시 흙수저일 게 분명하다.

2018년 연말, 회사의 인사 발표가 있었는데 영업팀에서 승진자가 대거 나왔다. 그해 충북지사의 영업실적이 좋아 공로를 인정받은 것이다. 반면 기술팀 승진자는 단 1명에 그쳤다. 우리 팀장님은 "기술은 가늘고 길게 가는 거여. 일찍 승진하면 노란 봉투도 일찍 받지 않겠냐? 너무 서운해들 말어."라고 말씀하셨다. 노란 봉투는 조기퇴직 통보를 의미한다.

돌이켜보면 2015년 이전까지 몇 년 연속으로 영업실적이 저조했을 때 영업팀 직원 몇 명이 책임지는 차원에서 퇴사했다는 말을 들었다. 우리 회사는 고용이 비교적 안정된 대기업 계열사인데도 불구하고 매년 비자발적 퇴사자들의 소식이 들려온다. 팀장님의 말씀이 아주 틀린 말은 아닌 듯하다.

김 과장의 '플랜B'

일 잘하는 이 과장이 왜 그런 말을 했는지 알 것 같다. 직장인은 늘 회사에 비해 약자다. 내가 컴퓨터, 통신, 전기, 안전관리 분야 자격증을 쉬지 않고 취득하게 된 동기 가운데 하나는 기댈 곳 없는 직장인으로서의 불안감 때문이었다.

내가 만약 내일 회사를 그만둔다면 어떨까? 물론 나는 그만두기 싫지만 피치 못할 사정으로 잘렸다고 가정해보자. 우선 며칠은 아무 것도 안 하면서 그냥 쉬고 싶다. 그 후에는 당장 생계를 이어갈 방안을 찾아야 할 것이다. 지금 나의 경력이나 자격증을 활용하여 재취업을 시도하는 상황을 시뮬레이션 해보겠다.

먼저 가장 가능성 높은 것은 아파트 관리사무소에 전기과장으로 취업하는 것이다. 이는 전기기사 자격증이 있기 때문에 가능하다. 아파트에서 필요로 하는 건 전기안전관리자인데 전기기사가 전기안전관리자 선임요건을 충족한다. 전기과장 자리는 수요가 늘 있는 편이라고 한다. 전기과장이 하는 업무도 대충 알고 있는데 실제로 시키면 웬만큼 할 수 있을 것 같다. 큰 빌딩이나 공장의 시설관리직도 전기과장과 유사한 업무를 하기 때문에 시설관리 업체에도 지원할 수 있을 것이다.

두 번째는 공사업체에 취직하는 것이다. 나는 통신공사협회에 고급 기술자로 등록되어 있고, 전기공사협회에는 중급 기술자로 등록되어 있다. 이는 통신 자격증과 전기 자격증을 취득한 뒤 업계 경력을 쌓은 결과다.

따라서 통신공사업체에 취직할 수도 있고 전기공사업체에 취직할 수도 있다. 몸 쓰는 현장 업무도 좋지만 나는 공사 사무직인 공무를 더 선호한다. 설계서와 시방서 등 공사 서류를 볼 줄 알고 컴퓨터도 잘하는 편이니까 공무를 맡는다면 내 능력을 가장 잘 발휘할 수 있을 것 같다.

세 번째는 통신공사 감리업체에 취직하는 것이다. 나는 감리원 자격증은 없지만 통신 자격증과 업계 경력이 있기 때문에 협회에 신청만 하면 감리원 자격증도 발급 가능하다. 하지만 감리직은 전국 각지의 공사 현장을 유랑하는 직업이라 어린 아들이 있는 현재 상황에서는 그다지 끌리지 않는다.

재취업 가능성이 있는 분야는 대략 이 정도인 것 같다. 그래도 당장 먹고살 수는 있겠구나. 이렇게 보니 내가 그동안 공부했던 게 헛수고는 아니었다는 생각이 든다.

이 과장은 최근 주택관리사 공부를 하고 있다. 이 과장도 예상치 못한 퇴직에 대한 대비책이 필요하다고 생각했을 것이다. 영업직은 실적이 잘 나왔을 때는 실적에 비례해서 보상을 받지만 반대의 경우에는 극심한 스트레스를 받는다. 자격증 같은 재취업 수단이 있는 것과 그렇지 않은 것은 현재 업무를 대하는 마음가짐에도 큰 차이를 갖게 한다. 자동차 보험에 가입하고 운전하는 것과 무보험인 상태로 운전하는 것이 다르듯이 말이다.

이 과장은 능력 있는 직원이므로 앞으로 오랫동안 회사에 다니면서 승진도 하고 중요한 직책도 맡을 것이다. 그렇더라도 지금 준비하는 자격증은 꼭 취득하길 바란다. 그리고 이제 겨우 40대 초반이니까 앞으로 기술도 좀 배워보라고 적극 권유해야겠다.

미리 시작하는
은퇴 늦추기
전략

100세 시대의 그늘, 노후 불안

경제 성장과 과학기술의 발전으로 인류의 삶은 날로 윤택해졌다. 의료 분야 역시 첨단 과학기술의 지원을 받아 비약적으로 발전했다. 사람들이 잘 먹고 깨끗한 환경에서 살다 보니 과거보다 덜 아프게 됐고 이제는 웬만큼 심각한 질병에 걸리더라도 진단과 치료가 가능해졌다. 문명의 발전이 인간을 더 건강하게, 더 오래 살도록 만든 것이다.

OECD에서는 65세 이상 고령인구가 7% 이상이면 고령화 사회, 14~20%는 고령사회, 21% 이상은 초고령사회로 정의하고 있다. 우리나라의 경우 2022년 하반기 발표된 통계에 의하면 고령인구가 900만 명을 돌파해 전체 인구 대비 약 17.5%라고 하니 고령사회에 해당한다. 또한 통계청은 2025년경이면 초고령사회에 진입할 거라고 전망했다. 이는 고령사회 진입 후 약 7년만으로 오스트리아 53년, 영국 50년, 미국 15년, 일본 10년에 비해 매우 빠른 속도라고 한다.

초고령사회를 앞두고 생겨난 말이 바로 '장수 위험'이다. 수명이 크게 연장된 만큼 세심한 계획도 없이 단순히 오래 사는 것은 축복이 아니라 오히려 위험이라는 인식이 보편화되는 것 같다.

'유병장수시대'라는 말은 들어봤는가? 병든 상태로 오래 산다는 뜻인데 보험 광고에 많이 등장한다. 이 말 속에는 사람들이 가지고 있는 노후에 대한 막연한 불안감을 자극하여 보험 가입을 유도하려는 의도가 숨어 있다. 심지어 광고에서는 몸이 아픈데 돈까지 없으면 어찌하느냐며 빨리 보험에 가입하라고 재촉한다. 몸은 아픈데 돈도 없고 장수만 하는 시대라니 상상만으로도 머리가 어지러울 지경이다.

일각에서는 장수 위험이 국가와 사회, 가족에게 부담을 지우고 폐를 끼칠 것이라고 우려한다. 우리나라는 노인 복지에 관한 각종 법과 제도를 마련하여 장수 위험을 국가가 부담하기 위해 노력하고 있으나 아직은 다른 선진국에 비해 복지 수준이 낮고 대상 범위도 제한적이다. 결국 노후 준비에 관한 주된 책임은 개인이 지고 국가는 일부 지원하는 형태가 될 것으로 예상된다.

일반적으로 노후 준비는 재무 설계부터 저축, 투자, 연금 및 보험 가입, 건강유지 등이 기본이다. 나는 이밖에 노후 준비를 위해 한 가지 더 추가하고 싶은 게 있다. 그것은 최대한 오래 현역으로 일하면서 은퇴 시기를 늦추는 것이다. 노후까지 소득을 유지하는 것이 가능하다면 노후에 대한 불안감은 상당 부분 해소될 것이기 때문이다.

내가 생각하는 은퇴 늦추기 전략의 기본 콘셉트는 3가지다. 첫 번째는 지금 다니는 직장에서 최대한 정년까지 버티는 것이다. 두 번째는 자신이 재취업하고자 하는 분야에 대한 정보를 파악하고, 직장에 다니는 동안 해당 분야와 관련된 공부와 기술 습득을 꾸준히 실천하면서 자신의 능력을 끌어올려 놓는 것이다. 세 번째는 정년 무렵이 되어 지금 다니는 직장에서 퇴직하게 되면 다른 직장에 재취업을 시도하는 것이다.

사실 이 전략은 말로만 하면 너무 단순해 보이므로 이런 게 무슨 전략이냐 할 수도 있다. 하지만 나는 이것이야말로 평범한 직장인들이 선택할 수 있는 가장 현실적이고 가능성 높은 은퇴 늦추기 전략이라고 생각한다. 이 간단해 보이는 전략의 핵심은 직장에 다니는 동안 공부와 기술 습득을 얼마큼 제대로 실천하여 자신의 역량을 끌어올리느냐다. 직업과 연결시킬 수 있는 자기계발은 재취업을 유리하게 해주는 보험에 가입하는 것과 같다. 그러므로 미리 보험료를 납부하듯 차곡차곡 자신의 실력을 쌓아 나가야 한다.

직장인의 장점을 최대한 활용하라

직장인들은 이제 냉정하게 판단해야 한다. 현재 직장에 올인해서 임원의 자리를 올려다보며 직장인으로서 승부를 볼 것인지, 아니면 직장에 다니면서 퇴직 이후의 다음 삶을 준비할 것인지.

전자를 선택한 사람이 최종 목표에 도달하여 자신의 노후 준비까지 마칠 확률은 높지 않다고 생각한다. 중소기업부터 중견기업과 대기업까지 다 다녀봤던 내 직장생활 경험으로 볼 때 임원이나 간부직급은 자기 의지와 실력만 가지고 올라갈 수 있는 자리가 아니기 때문이다. 업무적 능력 외에도 사내정치 능력, 즉 처세술과 용인술이 뛰어나야 하고 통제 불가 영역에 있는 운도 따라줘야 한다. 한마디로 재능과 의지, 그리고 운의

삼박자가 맞아 떨어져야 직장인의 별이라는 임원이 될 수 있는 것이다.

물론 모든 사람들의 직장생활을 단지 임원이 됐느냐 못 됐느냐를 가지고 마치 성공과 실패를 나누듯 판단하는 것은 매우 부적절하고 불필요하다. 직장생활의 의미와 가치는 여러 관점에서 다양하게 해석될 수 있다. 나 역시 직장인이고 임원이 될 가능성은 희박하지만 그렇다고 나의 직장생활이 무가치한 것처럼 매도된다면 매우 불쾌할 것이다. 다만 직장생활에 올인하여 직장에서 얻는 소득만으로 노후 준비가 가능해지려면 임원이라는 자리까지는 올라가야 하기에 임원을 기준점으로 삼은 것이다.

후자를 선택하게 되면, 즉 직장에 다니면서 퇴직 이후의 다음 삶을 준비하기로 결정했다면 이제부터는 은퇴 늦추기 전략에 돌입해야 한다. 직장에서 퇴직한 후 다시 일을 구할 수 있느냐 없느냐를 결정지을 핵심은 자기 자신의 능력과 건강상태다. 노후에 자기가 얼마나 일할 능력을 가지고 있는지, 또 일할 만큼 건강을 잘 유지했는지에 달려 있는 것이다.

직장인이라면 직장에 다니는 바로 지금이 퇴직 이후를 준비할 최적의 기회다. 직장인은 사업자나 프리랜서에 비하면 훨씬 안정적이고 퇴직하는 나이가 어느 정도 정해져 있기 때문에 미래를 계획하고 준비하는 것이 수월하다.

직장이라는 울타리 안에 있을 때 부지런히 자본을 축적하며 제2의 인생을 준비해야 한다. 여기서 말하는 자본은 돈이 아니라 자신의 인적가치, 실력, 커리어, 인맥 등을 의미한다. 스스로가 자본을 담는 그릇이라고 생각하고 쓸 만한 자본을 골고루 담을 수 있도록 자기 자신을 성장시켜 나가야 한다.

직장에 다니는 동안 퇴직 이후를 준비하라고 해서 본업보다 자기계발을 우선시 하라는 말은 결코 아니다. 자기계발 때문에 본업에 집중해야 할 시간을 빼앗긴다면 그것은 올바른 자기계발이 아니다. 전쟁에서 본진 방어를 소홀히 하고 공격에만 많은 전력을 투입하는 것은 필패로 가는 최악의 전술이다. 본업은 곧 나의 본진인 것이다.

그보다 근본적으로 직장과 직장인은 서로 임금과 노동력을 교환하는 계약 관계이므로 우선 근로계약을 성실히 이행해야 할 의무가 있다. 게다가 직장생활 기간이 아직 많이 남아 있는 만큼 승진과 같은 변수도 포기해서는 안 된다.

시간적으로 보면 현재 직장에서 일하는 기간이 퇴직 이후 다시 일하는 기간보다 훨씬 길기 때문에 오히려 더 중요하다고 할 수 있다. 현재 생활의 기반이 되는 직장이 흔들리면 자신이 무엇을 준비하고 있든 계속할 수 없게 되므로 언제나 직장과 관련된 일을 먼저 처리하고 나머지 시간을 활용하여 미래에 대한 준비를 진행하는 것이 옳다.

아무래도 직장인은 퇴근 이후에 활용할 시간이 턱없이 부족할 수밖에 없다. 정시 퇴근만 해도 다행인데 야근을 하는 경우가 잦다면 자기계발 같은 건 꿈도 못 꾼다. 그러므로 직장 안에서 얻을 수 있는 것들을 최대한 활용하여 자신을 성장시키는 밑거름으로 삼기 바란다.

의외로 직장 업무를 하면서 배울 수 있는 것들이 많이 있다. 가끔은 돈을 주고도 배우기 힘든 고급 기술을 선배들로부터 배우기도 하는데 돈한 푼 내지 않아도 된다. 직장에서 월급 받고 시키는 대로 일만 했을 뿐인데 공짜로 경력이 쌓이고 혼자서는 알 수 없었을 다양한 지식도 얻을수 있다. 그러므로 직장생활 기간을 최대한 유익하고 즐겁게 보내기로 마음먹어보자.

성장을 위한 두 가지 원칙

나는 은퇴 늦추기 전략의 일환으로 '3% 원칙'과 '9대 1 원칙'을 제안하고자 한다. 3% 원칙은 자기계발 강사인 김미경 씨의 강연에서 힌트를 얻은 것인데 매월 자신의 소득에서 3%를 자기계발 비용으로 지출하는 것이다. 월 소득이 300만 원이라면 9만 원 정도는 책을 사거나 강의를 듣거나, 또는 건강관리를 위해 헬스장에 등록하거나 하는 등으로 쓰면 된다.

9 대 1 원칙은 나의 평소 생활 습관을 토대로 착안한 것으로서 하루 24시간 중 9시간은 본업을 위해 쓰고 1시간은 자기 자신을 위해 쓰는 것이다. 일과 가족으로부터 완전히 벗어나 온전하게 자신만을 위해 쓸 수 있는 1시간은 매우 중요하다. 이때는 공부를 해도 좋고, 책을 읽어도 좋고, 관심 있던 분야에 대한 유튜브를 봐도 좋다. 다만 즉흥적이지 않게 미리 짜놓은 계획에 의해 꾸준하게 시간을 사용해야 한다. 아마 가정이 있는 직장인에게는 퇴근 후 1시간을 만드는 것도 만만치 않을 것이다. 최대한 일과의 우선순위를 조정하고 효율성을 높여서 시간을 만들어야 하는데, 그래도 안 되면 어쩔 수 없이 잠을 줄이는 수밖에 없다.

나이를 먹고 직장을 그만두어야 하는 시기가 됐을 때 대처하고 수습하는 데는 사람마다 큰 차이가 난다. 미리 준비해온 사람만이 자신의 계획대로 다음 삶을 이끌어갈 수 있다. 하지만 안타깝게도 대부분 사람은 직장에서 어영부영하다 40, 50대를 맞이하게 되고 자신이 퇴직 이후에 대한 준비가 전혀 안 되어 있음을 알게 된다.

그래서 지금부터라도 시간과 자원을 자기 자신에게 투자하여 배우는 능력을 기르고 미래에도 적용 가능한 기술을 익혀나가야 한다는 것이다.

40대는 인생의 전환기다. 시대가 더 빨리 변한다면 50대, 60대, 70대에 계속 인생의 전환기를 맞이할지도 모른다. 그 전환기를 어떻게 준비하는지에 따라 이어지는 다음 삶이 달라진다는 걸 기억하기 바란다. 선택지는 많을수록 좋다.

어떤
기술을 선택할
것인가?

2장

숙련공의
밥그릇까지 넘보는
산업용 로봇

막을 수 없는 변화

이미 오래전부터 기업들이나 현장에서는 기술인력 구하기가 어렵다고 아우성이다. 십수 년 넘게 이공계 기피 현상이 지속됐던 영향으로 이제는 산업 전반에서 기술인력 부족 사태를 겪고 있다. 또한 기술의 발전으로 인해 기술의 영향력이 확대되어 기술인력 수요가 폭증한 점도 기술자 부족 사태의 원인으로 해석된다.

게다가 현장에서는 기술직의 평균연령이 점점 높아지는 문제도 나타나고 있다. 이른바 기술직의 고령화다. 앞서 얘기했던 기술직에 대한 편견 때문에 젊은 사람들이 기술을 익히고 기술직에 종사하는 걸 기피하다 보니 현장에 젊은 기술자들이 점점 사라지고 있는 것이다.

전반적으로 보면 기술직에 대한 인식과 처우가 개선되고 있으나 기술직 내에서는 어떤 분야의 일을 하는지, 그리고 어느 정도 기술력을 가졌는지에 따라 소득 및 처우에 있어 양극화가 심하고 향후 전망도 엇갈린다. 계속 발전할 가능성이 높은 과학기술 분야에는 젊고 똑똑한 인재들이 몰려드는 반면 산업 사이클상 쇠퇴하고 있는 분야에서는 여전히 젊은 기술자들의 발길이 끊겨 기술직의 고령화가 진행되고 있다. 또한 디지털화와 자동화로 인해 기계에 의해 대체될 운명에 처한 기술의 경우는 미래 전망이 더욱 어둡다.

아이러니하게도 기술의 발전이 기술자들의 입지를 좁히고 있다. 우리나라는 제조업 강국답게 산업의 대부분이 제조업으로서 현장의 중심에는 숙련된 기술자들이 자리 잡고 있다. 기술자들은 경력이 오래된 숙련공일수록 자신의 기술에 대해 자부심이 있으며 일터에서도 그들의 기술과 가치를 인정하는 편이다.

그런데 많은 산업 현장에서 디지털 전환과 자동화가 진행됨에 따라 제조공정을 산업용 로봇이 대체하면서 기존 숙련공들의 손기술이 더 이상 필요하지 않게 됐다. 이제 그들은 산업용 로봇을 단순 조작하는 조작원으로 업무를 변경하거나 일터를 떠나야 하는 처지가 되고 있다. 오히려 경력이 오래된 숙련공들은 임금이 높다는 이유로 회사의 구조조정 시 퇴직 대상자 1순위가 될 위기에 처했다.

제조현장뿐만 아니라 기계와 설비를 유지, 보수하는 분야에서도 기술자의 일이 줄어들고 있다. 제조기술이 비약적으로 발전한 덕분에 요즘 기계와 설비는 예전처럼 고장이 잘 나지 않기 때문이다. 설사 고장이 발생해도 기계를 컴퓨터에 연결하면 어떤 부분이 고장인지 스스로 진단해서 교체할 부품까지 알려준다. 예전처럼 기계를 일일이 뜯어보지 않아도 되는 것이다.

누구나 쉽게 할 수 있는 일은 임금이 낮거나 자동화되기 쉽다. 고장 난 부품을 교체하는 정도의 일은 숙련공이 하지 않아도 되므로 회사 입장에서는 굳이 높은 임금을 받는 숙련공을 데리고 있을 이유가 없다.

대체로 숙련공들이 보유한 기술은 반복 숙달을 통해 작업의 정확도를 높임으로써 기술이 고도화되는 형태가 많다. 이런 일은 반복적이고 규칙적이어서 구조화가 용이한 특징이 있다. 그렇기 때문에 프로그래밍을 하여 로봇에 이식하는 것이 가능하다. 그리고 로봇은 인간보다 더 빠르고 완성도 높게 작업을 처리할 뿐만 아니라 퇴근하지 않고 밤새 일할 수도 있다.

기업을 운영하는 고용주는 최대한 많은 비용을 절감할 수 있는 영역에 로봇을 도입하려고 할 것이다. 그러다 보면 가장 먼저 고임금을 받는 숙련공들의 일이 눈에 들어올 수밖에 없다. 여담이지만 우리나라 고용주들은 산업용 로봇을 도입하려는 욕구가 압도적으로 강하다고 하는데 그 이유는 노동자들과 달리 로봇은 근로조건 개선이나 임금 인상을 요구하지 않기 때문이라고 한다.

경쟁이 아닌 공존을 모색하라

어쨌든 기존에 숙련공들이 했던 직무 가운데 많은 것들이 컴퓨터와 로봇에 의해 대체되는 상황은 거스를 수 없는 흐름이 되고 있다. 19세기 초 영국에서는 기술혁신이 숙련공들의 일자리를 위협하자 기계를 파괴하자는 극단적인 '러다이트 운동'이 일어나기도 했다. 기술혁신은 인류에게 축복이 될 수 있겠지만 일부 계층에게는 재앙이 될 가능성도 포함하고 있다.

그러나 다행스러운 것은 기술이 아무리 발전해도 사람이 하는 일을 기계가 완전히 대체할 수 없다는 사실이다. 로봇을 도입하더라도 그것들을 관리하는 고급 인력과 최종 의사결정을 하는 사람이 필요하다. 그리고 사람이 하던 일 가운데 이미 저임금이기 때문에 굳이 로봇으로 대체할 필요가 없는 분야는 계속 사람이 하게 될 것이다.

구조화가 용이했던 제조업 현장을 벗어나 산업 전체를 보면 로봇이 넘보지 못하는 불규칙하고 정형화되지 않은 분야가 많이 남아 있다. 설사 사람이 손과 발로 하던 일을 완전히 대신하는, 말 그대로 인간을 대체할 수 있는 로봇이 탄생하더라도 로봇이 가진 자율성에 대한 신뢰의 문제와 사고에 대한 법적 책임 논란, 그리고 인간이 느끼는 심리적 또는 윤리적 거부감 등으로 인해 모든 영역에서 로봇이 사람을 대신하기는 힘들 것이다. 즉, 법적 절차와 사회적 저항으로 인해 기술의 확대 적용은 예상보다 느리게 진행될 수도 있다.

인터넷 포탈에서 '로봇 대체'라는 키워드를 입력하면 로봇으로 대체될 가능성이 높은 직업에 관한 자료와 신문 기사들이 상당히 많이 검색된다. 그중에서 '한국고용정보원'이나 '한국직업능력연구원' 등 신뢰할 만한 기관들의 자료를 종합하여 살펴보면 고위험군 직업의 유형을 파악할 수 있다.

예상대로 일정한 규칙이 있고 매뉴얼에 따라 노동력을 선보이는 직업들이 고위험군에 속한다. 예를 들어 콘크리트공, 정육원, 도축원, 제품 조립원, 청원경찰, 행정 사무원, 물품 이동장비 조작원 등이다. 반면 감성과 예술성을 바탕에 둔 직군 또는 창조적 사고를 요하는 직군, 그리고 인간과 인간 사이 공감능력이나 유대감을 발휘해야만 하는 특별한 직군은 저위험군에 속한다. 화가, 조각가, 배우 및 모델, 초등학교 교사, 물리 치료사, 임상병리사, 건축엔지니어 등이다.

그런데 새로 부상하는 직업으로 헬스케어 관련 종사자, 소프트웨어 엔지니어, 로봇 수리 전문가 등도 소개되어 있다. 특히 로봇을 개발하고 수리하는 일자리가 새롭게 생겨난다는 점이 눈에 띈다. 디지털화가 숙련공들의 일자리를 빼앗기보다는 일의 내용을 변화시킬 거라는 의견이 중론이다.

현재 우리 사회는 저성장, 인구 감소, 로봇화와 인공지능이 맞물려 일자리 구조가 빠르게 변하고 있다. 분명한 것은 사람이 할 일이 점점 줄어들고 있다는 사실이다. 앞으로 사람들의 일자리는 기계가 할 수 없는 분야와 기계와 함께해야 하는 분야로 나뉠 것이다. 그러므로 숙련공들은 이제 기계와 경쟁할 것이 아니라 기계와의 공존을 모색해야 한다.

협력자를 고르듯
젊고 힘 있는 기술을
선택하라

기술 산업의 라이프사이클

사람의 일생은 출생에서부터 영유아기, 아동기, 청소년기, 성인기를 거치고 중장년기와 노년기를 지나 사망에 이르러 끝이 난다. 간단하게는 탄생, 성장, 유지, 쇠퇴, 죽음이라는 다섯 단계로 구분할 수 있을 것이다. 남녀노소 누구나 지위고하를 막론하고 이런 순서를 따르는 데는 예외가 없다. 물론 사람뿐만 아니라 모든 생명체는 다 태어나서 성장한 후 일정

기간 동안 절정의 상태를 유지하다가 쇠퇴의 과정을 거쳐 죽음에 이르게 된다. 불가피한 사고로 일생을 다 누리지 못하고 단명하는 경우도 있겠으나 어떠한 경우라도 이러한 순서가 바뀌지는 않는다.

기술도 사람의 일생과 비슷한 생애 주기를 가지고 있다. 바로 기술수명주기다. 기술수명주기는 기업에서 기술을 개발할 때 개발에 소요되는 시간과 비용을 추정하기 위해 주로 쓰이고 있으며, 도입기, 성장기, 성숙기 및 쇠퇴기의 네 단계로 이루어져 있다. 기술수명주기를 이해하고 효과적으로 활용하면 기술의 개발 단계에서 비용이 이익으로 상쇄되는 시기를 추정할 수 있고 기술이 얼마나 오랫동안 유지될 것인지 기간을 예측할 수도 있다. 이는 그 기술이 경제성 면에서 개발할 가치가 있는지를 판단하는 근거가 되며 기술 개발에 투자할 전체 예산을 정하는 데 사용되기도 한다.

도입기는 기술의 연구 및 개발 시기에서부터 기술을 기반으로 만들어진 제품이나 서비스가 시장에 선보여지는 시기까지를 말한다. 연구 및 개발 시기에는 초기 기술로 만든 베타 버전을 테스트하며 실패와 보완을 반복하게 되는데 그동안 연구비용이 누적되고 개발이 실패할 가능성도 높기 때문에 많은 위험을 감수해야만 한다.

기술 개발에 성공하여 제품을 출시한 뒤에도 여전히 만만치 않은 난관이 기다리고 있다. 제품에 대한 홍보를 진행하는 동안 사람들이 해당 제품의 존재를 인식하기까지 상당한 비용이 소요된다. 그래서 도입기에는 기업의 매출 증가율이 낮으며 이익이 난다고 해도 고정비, 판매비, 홍보비 등으로 인해 적자가 나기 쉽다. 자금이 충분하지 않은 기업의 경우에는 적자 상태를 버티지 못해 도입기에 시장경쟁을 포기하기도 한다. 그러나 이 시기에 경쟁에서 살아남은 기업들은 시장의 주목을 받으며 다음 단계인 성장기로 이동하게 된다.

성장기는 제품의 수요가 늘어나면서 매출이 증가하고 수익성도 빠르게 좋아지는 시기다. 이때 발생하는 이익으로 도입기에 누적됐던 적자를 비로소 해소할 수 있다. 그러나 성장기가 지속될수록 비슷한 아이템으로 경쟁에 뛰어드는 기업들이 생겨나므로 성장기 후반이 되면 시장경쟁이 격화되기 시작한다.

성숙기에 들어선 기업은 안정적인 시장점유율을 유지하면서 매출이 완만한 그래프를 그리지만 이익률은 하락 추세에 접어들게 된다. 시장점유율을 유지하기 위해 가격경쟁도 해야 하고 마케팅 비용도 계속 쓰다 보면 이익률이 하락할 수밖에 없다. 그렇기 때문에 결국 성숙기를 얼마나 오랫동안 유지하느냐는 경영능력과 영업능력이 크게 좌우하게 된다.

그런데 이때 기존 기술을 개선하거나 약간 변형된 기술을 바탕으로 추가 제품을 출시한다면 성숙기를 더 오래 지속할 수 있다. 이와 관련된 현상을 범선효과라고 한다. 19세기 후반에 선박의 주류는 범선이었는데 신기술을 기반으로 만들어진 증기선이 등장하자 오히려 범선 기술이 크게 개선되어 범선 생산량이 증가했다고 한다. 범선 기술의 개선을 가져온 주요 원인은 경쟁자인 증기선의 출현이었다. 이 사례에서 유래한 것이 범선효과다.

기존 기업이 성숙기에 접어들었을 때 경쟁 기업에서 새로운 기술을 들고나오면 기존 기업은 이를 위협으로 받아들인다. 이런 위기의식은 기존 기업을 분발하게 하여 순간적인 기술 개선을 이끌어낸다. 그리고 그렇게 개선된 기술로 신기술의 도전을 일시적으로 막아내는 데 성공한다. 그 결과 기존 기술이 신기술로 대체되는 시기가 지연되고 기존 기업은 성숙기를 더 끌고 갈 수 있는 것이다. 그러나 결국 기존 기업은 언젠가는 쇠퇴기에 이를 수밖에 없다.

쇠퇴기는 제품의 효용과 가치가 사라지면서 다른 제품에 밀려 수요가 급격히 감소하는 시기이다. 기업은 매출과 이익이 악화되어 적자가 나기 시작하는데 이때 기업들은 또 다른 기술 개발에 착수하거나 시장에서 철수하는 선택을 하게 된다.

오래 살아남는 자가 강한 자다

기술수명주기를 정확히 예측하기 위해서는 해당 기술에 대한 내부 및 외부 데이터가 필요하고 상당히 높은 전문성이 요구되므로 일반인들이 기술수명주기를 활용하는 것은 매우 어려운 일이다. 오히려 어설픈 예측으로 잘못된 판단을 야기할 바에는 안 하는 것이 낫다. 다만 이미 상용화된 기술인 경우라면 그 기술의 역사를 되짚어 보며 도입기와 성장기, 성숙기, 쇠퇴기 가운데 대략 어디쯤에 해당하는지 정도는 짐작해볼 수 있을 것이다.

여러 산업을 상대적으로 비교하여 기술수명주기가 긴 분야와 짧은 분야로 구분 짓고 각 분야의 특징을 살펴보면 무엇이 유망한 기술인지 이해하는 데 도움이 된다. 대체로 대형 설비와 기계를 갖추고 그것을 기반으로 운영하는 형태에서는 기술의 수명이 길다. 새로운 기술을 도입하려면 기존에 구축해 놓은 설비와 기계를 바꿔야 하는데 막대한 투자비가 들어가기 때문에 쉽지 않다.

주로 철강, 석유화학, 발전, 자동차, 조선, 시멘트 등과 같은 장치산업이 여기에 해당한다. 이런 분야는 한번 장치를 구축하면 30년도 넘게 운영한다. 유지보수 과정에서 내부 구성품의 교체를 통한 성능 향상과 기능 보완이 진행될 수는 있지만 그것이 설비 자체의 운영 방식, 즉 근본 기술을 변화시키는 것은 아니다.

반면 지식기반 기술이나 소프트웨어 기반, 또는 사람의 손기술에 기반한 기술은 새로운 기술로 대체하는 데 들어가는 비용이 상대적으로 적다. 게다가 단기간에 신기술을 적용할 수 있으므로 기술의 수명이 짧은 편이다. 기술 수명이 짧으면 후발주자가 금방 쫓아올 수 있기 때문에 경쟁에 쉽게 노출되고 만다.

만약 장치산업의 형태이면서 동시에 기술의 핵심이 축적된 노하우를 바탕으로 하는 경우에는 후발주자가 더욱 따라오기 어렵게 되어 기술경쟁력을 가장 오랫동안 유지할 수 있다. 정밀소재, 의료, 바이오 같은 산업이 여기에 해당한다. 그런데 만약 설비에 대한 의존도와 사람에 대한 의존도가 모두 보통 정도라면 그 분야의 기술은 그냥 보통 정도의 수명을 가질 것이다. 그 밖에 안전 또는 사회적 이해관계로 인해 기술의 통제 및 보호가 필요한 분야에서는 정부 규제가 신기술의 시장 진입을 늦춰 구기술의 수명을 연장시키는 역할을 하기도 한다.

우리가 어떤 기술을 배울 것인지 판단하기 위해서는 산업의 기술수명이 긴 분야를 먼저 탐색하고 그중에서 성장기 또는 성숙기를 지나고 있는 분야를 중심으로 검토할 필요가 있다. 그런데 그렇게 매력적인 기술은 다른 사람들도 배우려 할 것이므로 현장에 나갔을 때 경쟁이 치열하게 된다. 반면 성장기 초반에 있는 기술은 아직 보편화되지 않아 가르쳐주는 곳이 없다 보니 배우기조차 힘들다.

기술의 전망이 좋다고 해서 무턱대고 선택할 수는 없다. 우리는 벌써 40대고 인생의 후반부에는 체력이 점점 감소할 것이기 때문에 기술과 체력의 상관관계도 생각해야 한다. 그러므로 어떤 기술을 선택할지에 대해서는 이어지는 몇 가지 고려사항을 더 알아보고 판단하도록 하자.

$$\boxed{3}$$

광접속기술자
이 팀장의 전성기는
왜 짧았나?

신산업의 선발대에 뽑힌 이 팀장

수요와 공급이라는 시장 원리에 의하면 희소한 것일수록 가격이 올라
간다. 어떤 것이 수요에 비해 공급이 지나치게 부족하거나, 공급은 일정
한데 수요가 급증하는 경우에는 그 것의 희소성이 높아져 가격이 상승하
는 것이다.

공기는 인간의 생존에 필수적이므로 본질적 가치는 높지만 경제적 가

치는 거의 없다. 지구상에 공기가 무한할 정도로 많기 때문이다. 하지만 우주에서 지구로 떨어진 운석은 실생활에 아무 쓸모가 없는 돌덩어리에 불과한데도 수집가들 사이에서 매우 높은 가격에 거래된다. 결국 본질적 가치와 무관하게 수요에 비해 공급이 부족하다면 가격이 상승하게 되어 있다.

기술의 경우에도 희소성의 원칙은 동일하다. 기술을 필요로 하는 현장은 많은데 기술자의 수가 부족하다면 그 기술은 희소한 기술로서 가치를 높게 평가받는다. 기술의 가치가 높다는 것은 기술에 대한 대가, 즉 기술자의 몸값이 높다는 뜻이기도 하다.

내가 케이블TV 업계에 처음 발을 들였을 때 나의 팀장님이었던 분의 이야기를 해볼까 한다. 그는 이 모 팀장인데 본인이 직접 들려준 무용담과 그의 직속 후배에게 들은 이야기를 종합해보면 대략 이러하다.

1993년, 정부가 우리나라에 케이블TV 도입을 추진하기 이전까지는 동네마다 소규모 유선사들이 각자의 영역에서 사업을 영위하던 이른바 유선방송의 춘추전국시대였다. 그러나 당시 유선사들은 정형화된 기준 없이 주먹구구식으로 사업을 운영했으며 송출 설비와 전송망도 조잡하기 그지없었다. 정부에서 전국을 여러 사업 권역으로 나누고 권역마다 일정한 자본과 기술력을 갖춘 사업자를 선정하여 종합유선방송 사업 허가를 내주면서 지금의 케이블TV와 같은 체계가 잡히기 시작했다.

1998년 경 케이블TV에서 광대역 서비스를 제공하기 위해 HFC망이라는 신기술을 채용했는데 이 기술은 광케이블과 동축케이블을 혼합하여 전송망을 구축하는 것이었다. 그런데 당시 광케이블 관련 기술자가 드물었기 때문에 기술자 구하기가 어려웠고 전송망 구축에도 속도를 내지 못하게 됐다.

광케이블을 다루는 기술 중에서 광 접속 기술은 난이도가 높고 희소한 기술이었다. 광 접속은 머리카락만큼 얇은 광케이블 심선을 정밀하게 절단하고 융착접속기로 절단면에 열을 가한 뒤 서로 이어붙이는 기술이다. 이는 숙련이 필수적이며 고가의 융착접속기도 필요하므로 이 작업을 할 수 있는 기술자가 많지 않았다.

그러자 회사에서 지역별로 직원 한 명씩을 선발하여 광 접속 기술을 직접 가르치기로 하였고 당시 대전에서 근무하고 있던 이 팀장도 교육 대상에 포함되었다. 그리고 대구에 마련된 교육장에서 며칠간 숙식하며 광 접속 기술과 광케이블 다루는 기술을 배웠다고 한다.

그때부터 이 팀장의 전성기가 시작되었다. 이 팀장은 평일에는 회사에서 HFC망 구축 공사를 진행하고 주말에는 다른 지역의 유선사나 통신공사 업체에 아르바이트를 하러 다녔다. 본인이 연락하지 않아도 업체 측에서 먼저 도와달라고 요청하는 전화가 계속 걸려왔다. 작업 한 건당 수십만 원씩 받으면서 매달 월급보다 많은 부수입을 챙겼다. 작업은 혼자서는 할 수 없기 때문에 후배를 한 명 데리고 다녔다. 하지만 이 팀장은 같이 다녔던 후배에게도 광 접속 기술만은 가르쳐주지 않았다고 한다. 회사에서 배운 기술로 아르바이트를 하며 사적 이익을 취하는 것이 바람직하지는 않으나 어쨌든 당시 이 팀장은 소위 잘나가는 기술자였다.

그런데 2011년에 내가 이 팀장을 처음 만났을 때 그에게는 돈도 남아 있지 않았고 희소한 기술을 가진 기술자로서의 입지도 사라지고 없었다. 젊은 시절에 쉽게 벌었던 돈은 유흥으로 다 탕진했고, HFC망은 이미 포화상태에 이르러 더 이상 신규 공사를 하지 않은 탓에 광접속기술자의 수요가 감소했기 때문이었다. 결국 이 팀장의 전성기는 그가 배운 기술과 함께 시작됐다가 몇 년 후 그 기술의 수요가 감소하면 막을 내리게 됐다.

이 팀장이 남들보다 일찍 광 접속 기술을 배울 수 있었던 것은 엄청난 행운 덕분이다. 신기술 도입 초기에는 관련 책이나 교육 자료가 드물고 값비싼 장비와 재료비 때문에 제대로 된 실습도 하기 힘들다. 만약 회사에서 교육의 기회를 마련해주지 않았다면 이 팀장 스스로 기술을 습득하기는 매우 어려웠을 것이고 학원에 다녔다 해도 많은 비용이 들었을 것이다.

희소한 기술은 우선 배우기 어려울 뿐만 아니라 운 좋게 배웠다 해도 시장이 커지면서 수요가 증가하지 않으면 몸값이 정체될 가능성이 있으므로 불확실성이 크다. 게다가 특정한 영역에서만 국한되어 쓰이기 때문에 활용 범위가 좁고 일자리가 아예 없을 수도 있다.

그러나 일단 수요가 증가하면 희소성이 상승하면서 기술자의 몸값이 올라간다. 돈이 있는 곳에 사람이 몰리는 것은 당연지사 아니겠는가. 얼마간의 시간이 지난 뒤 늘어난 공급에 의해 희소성이 저하되고 기술자의 몸값은 다시 하향 평준화된다. 그리고 말미에는 수요마저 감소하게 될 것이다.

희소성이 유지되는 분야에 주목하라

산업의 패러다임이 바뀌는 시기에는 기존과 다른 혁신적인 신기술이 등장하여 수요의 빠른 증가와 함께 희소성이 높아진다. 그런데 수요가 증가하면 대부분 공급도 따라서 증가하기 마련이다. 산업 전반이 신기술로 채워지고 나면 수요가 줄고 공급은 남게 되면서 신기술의 희소성도 낮아진다. 신기술은 더 이상 신기술이 아니라 보편적인 기술로 자리 잡게 되고 또다시 패러다임의 전환이 있기 전까지 한동안 기술에 대한 수요와 공급이 균형을 이루게 된다.

보편적 기술은 해당 산업 분야에서 널리 통용되는 기술로서 오랜 기간 가치를 인정받고 있은 전통적인 기술을 말한다. 그러나 모든 신기술이 시간이 흘러 다 보편적 기술이 되지는 않는다. 시장 경쟁에서 살아남아 기술수명주기를 단계적으로 밟아가며 쓰임 빈도를 높여야만 비로소 보편적인 기술이 될 수 있다.

보편적 기술은 희소성이 일정하게 유지되는 특징이 있다. 예를 들어 전기기술 같은 것이다. 저성장 시대에 접어들어 산업의 양적 확대가 둔화됐고 인구의 증가 속도 역시 느려졌다. 그렇기 때문에 전기에 대한 수요는 크게 변하지 않는다. 게다가 전기는 사고 위험이 높은 분야라서 전기사업법과 국가기술자격법 등 까다로운 기준을 적용하여 신규 기술자의 양성을 관리하고 있다. 즉, 수요와 공급이 크게 변동하지 않기 때문에 전기 기술자의 희소성은 일정한 편이다.

그밖에 건설, 통신, 가스, 소방, 인테리어 등과 관련한 기술도 보편적이면서 희소성이 일정하게 유지되는 기술에 해당한다. 인간이 살아가는 환경을 구성하는 것들은 대부분 오래전부터 사용하던 보편적인 기술을 기반으로 하고 있다. 그리고 인간의 생활방식이 급격히 변하지 않는 한 이런 기술의 수요는 앞으로도 일정하게 유지될 것이다.

그렇다면 우리는 어떤 기술을 배우는 것이 좋을까? 나는 희소성이 높은 분야보다 희소성이 유지되는 분야가 유리하다고 생각한다. 앞서 기술 수명주기에서 도입기 기술이 아니라 성장기나 성숙기 기술을 배우자고 제안한 것과 같은 이유다. 우리는 40대로서 앞으로의 시간을 불확실성이 낮은 곳에 가장 효율적으로 투자해야 하기 때문이다.

케이블TV의 HFC망 기술은 2000년대부터 성장기를 맞이했고 보편적 기술로 자리 잡았다. 2000년대 중반이 케이블TV의 르네상스였다고 하는데 그렇다면 2010년경에는 성숙기에 접어들었을 것으로 판단된다. 그 당시 나의 선배들은 향후 10년 정도 후면 HFC망이 광케이블 전용선과의 경쟁에서 밀려 없어질 거라고 말했었다. 하지만 그로부터 13년이 지난 지금까지도 케이블TV의 핵심 기반은 HFC망이다.

여전히 케이블TV가 사양산업이라는 소리를 듣기는 하지만 기술적으로만 보면 앞으로 10년 정도는 더 HFC망이 유지될 것으로 예상된다. 만약 그렇게 된다면 이 기술의 기술수명은 대략 30년 남짓이 되는 것이다.

우리는 2000년대 중반에서의 HFC망과 같은 모델을 찾아야 한다. 기술이 어느 정도 성숙되고 보편화되어 배우고자 할 때 배울 수 있으면서, 앞으로도 안정적인 쓰임이 보장되고 기술의 남은 수명도 비교적 긴 것을 말이다. 앞서 언급했던 전기, 건설, 통신, 가스, 소방, 인테리어 등의 분야에서 HFC망과 비슷한 기술을 찾을 수 있을 것으로 기대한다.

4

한 발이라도
먼저 깃발을 꽂는 자가
이기는 게임

구기술이 가진 기득권의 힘

코로나19 바이러스가 폭풍처럼 세상을 휩쓴 이후 개인의 삶을 비롯하여 세계 질서와 산업 전반에 많은 변화가 일어났다. 기존에 IT기술과 무관했던 산업의 기업들이 비대면 환경에 맞춰 IT기술을 도입하거나 IT기술과의 융합을 시도하고 있다. 이런 변화는 앞으로도 지속될 것이며 4차 산업혁명과 포스트 코로나 시대의 정착 과정에서 IT 분야는 이전보다 더 성장할 것으로 예상된다.

IT 분야는 기술 발전 속도가 빠르고 트렌드도 자주 바뀌는 특징이 있다. 구글 같은 회사는 매년 2차례씩 개발자 행사를 열어 신기술을 선보이고 있을 정도다. 그러다 보니 지금 적용되고 있는 기술이 몇 년 후에는 사양 기술이 되어 있을 가능성이 높다. 반면에 전통산업에서는 기술의 발전 속도가 IT 분야만큼 빠르지 않다. 새로운 기술이 개발되더라도 현장에 적용되기까지 시간이 오래 걸린다.

오래된 기술, 즉 구기술이 시장에 넓게 퍼져 있을수록, 그리고 시장을 잠식해온 기간이 길면 길수록 시장에 대한 강한 지배력을 가지게 된다. 그리고 그 지배력은 곧 해당 기술의 기득권이 되어 신기술의 도전으로부터 스스로를 방어할 수 있게 한다.

대부분의 구기술은 보편화됐고 검증됐으며 다른 기술과의 호환성이 높다. 한 현장에서 어떤 기술을 채택하면 호환성이나 유지보수의 효율성 때문에 후속으로 도입되는 장비들이 해당 기술과 관련된 것들로 채워지게 된다. 또한 기술자들의 업무 방식과 작업 패턴도 해당 기술에 맞게 조정되어 유지된다. 그렇기 때문에 기술자들의 경험 및 지식의 상당 부분은 구기술에 관한 것이 될 수밖에 없다. 현장 기술자들은 오래된 기술을 자신의 노하우라고 여기며 신기술보다 더 중요하게 생각하는 경향이 있다.

구기술은 오랜 기간 시장에 영향을 미쳐온 만큼 관련된 책들이 다수 출간되어 있을 뿐만 아니라 학교나 학원 같은 곳에서도 구기술을 중심으로 가르치고 있다. 그래서 새롭게 양성되는 기술자들 역시 구기술을 배운 채 현장으로 가게 된다. 책이 많고 여러 곳에서 가르친다는 것은 여전히 현장에서 많이 쓰이고 있다는 뜻이기도 하다.

어떤 경우에는 힘 있는 대기업의 이해관계 또는 정부 부처의 무능이 신기술의 도입을 지체시키며 그에 대한 반대급부로 구기술의 수명이 연장되기도 한다. 대기업이 자신의 시장 지배력에 도전하는 중소기업의 신기술을 돈의 힘으로 무력화시키는 경우는 허다하다.

한편 정부의 행정조직들, 특히 특허청, 과학기술정보통신부, 중소벤처기업부, 식품의약품안전처, 여러 종류의 시험연구원, 검역원 등이 신기술에 관한 심사, 허가, 승인 및 인증 등의 행정 절차를 관리하고 기술기준을 수립하며 수정 보완하는 일을 담당하고 있다. 그래서 이들 행정조직의 권력은 신기술의 생사를 좌우할 만큼 막강하다고 할 수 있다. 그런데 만약 이런 곳에 소속된 행정 공무원과 연구원들이 신기술에 대해 무지하거나 무책임할 경우, 또는 보수적인 성향을 가지고 있는 경우라면 신기술에게는 가장 큰 진입장벽이 될 것이다.

방어가 공격보다 쉬운 이유

일반적으로 신기술이 산업 현장에 도입되려면 그 기술의 도입과 관련이 있는 3개 주체가 모두 합의해야만 가능하다. 3개 주체는 신기술 도입을 요구하는 개발 업체와 신기술 도입에 찬성하는 현장 실무자들, 그리고 신기술 도입을 결정하는 경영진이다.

신기술이 적용된 장비가 현장에 도입되는 과정을 생각해보자. 통신장비 중에서 빛으로 신호를 주고받는 광송수신기가 있다. 우리 회사는 15년 전에 A라는 업체의 광송수신기를 채택하여 전체 장비를 구축했고 당시 수억 원의 투자비가 들어갔다. 그동안 A업체로부터 부품이나 기술 지원을 잘 받고 있어서 현재까지 장비를 운영하는 데 아무런 문제가 없는 상태다.

그런데 B업체에서 A업체의 광송수신기보다 성능이 우수하고 기능도 많은 새로운 장비를 들고 나왔다. B업체는 홍보를 위해 우리 회사에 방문했고 신형 장비의 우수함에 대해 설명했다. 우선 신형 장비는 신기술을 적용한 광다이오드를 장착하여 신호의 분산 및 왜곡이 적고 출력이 높아 장거리 신호 전송에 유리한 장점을 가지고 있다. 또한 디스플레이 화면과 조작 버튼이 사용자에게 편리하도록 개선되었으며 셀프 모니터링 기능이 추가되어 장비에 문제가 생겼을 때 알람으로 사용자에게 알려주기도 한다. 그밖에 몇 가지 옵션 기능들을 더 포함하고 있다. 한 가지 단점은 광신호의 빛 파장이 기존에 운영하던 장비와 다르기 때문에 신형 장비와 기존 장비가 호환이 안 된다는 점이다.

어쨌든 B업체는 우리 회사의 기존 장비가 노후되어 교체할 시기가 되었으니 이번에 자신들의 신형 장비를 써달라고 요청했다.

우리 회사의 현장 실무자들은 장비의 가격, 성능, 운영의 편의성, 그리고 B업체의 신뢰도 등을 종합적으로 고려하여 B업체 장비를 도입하기로 결정하고 회사 경영진에게 B업체 장비를 구매해달라고 건의했다.

그러자 경영진은 신형 장비로 전면 교체했을 때 어떤 경제적 이득이 있는지 검토하기 시작했다. 경영진에게 장비의 성능이나 디자인, 편의성, 옵션사항 등은 중요한 고려 대상이 아니다. 그들은 신형 장비를 도입함으로써 어떤 항목에서 원가절감 효과가 있는지, 또는 매출증대 효과가 있는지 등을 검토한다. 만약 경제적 타당성이 충분하지 않다면 경영진의 합의가 이루어지기 어렵다.

결국 신형 장비 도입에는 투자비 부담이 크고 경제적 이득이 별로 없다는 판단하에 문제가 있는 장비들만 부분적으로 교체하라는 결정이 내려졌다. 따라서 현장 실무자들은 기존 장비가 노후 되고 성능과 기능이 떨어짐에도 불구하고 불편함을 감수한 채 계속 기존 장비를 운영해야만 한다.

이 이야기는 약간 과장되게 각색한 면이 있으나 통상 현장 실무자들이 신기술 도입에 찬성했더라도 경영진에서 이를 반대하는 경우가 많은 것이 사실이다. 신기술이 이미 시장에 자리 잡은 기존 기술은 밀어내고 보편적 기술이 되기까지는 기술적 우수성뿐만 아니라 경제적 타당성까지 확보해야 하므로 신기술이 기존 기술의 기득권에 도전한다는 것이 얼마나 어려운 일인지 다시 한번 생각하게 된다.

기술을 개발하는 업체 입장에서는 신기술을 도입해서 써주는 곳이 없으면 해당 기술을 검증할 기회조차 얻지 못한다. 한두 곳이라도 자신들의 기술을 채택하여 운영한 사례가 있어야 한다. 그러나 운영 실적이 전혀 없다면 현장 실무자들은 시장에서 검증되지 않은 신기술을 굳이 선택하려 하지 않을 것이다. 게다가 신기술을 들고나온 업체가 영세한 기업이라면 시장에서 채택되기가 더 어렵다. 왜냐하면 영세한 기업의 기술을 도입했다가 해당 기업이 도산했을 때는 유지보수에 문제가 발생할 것이 뻔하기 때문이다.

신기술은 개발이 완료된 순간부터 심사와 허가 등 행정적인 절차를 통과해야 하고, 시장에 등장한 뒤에는 고객들의 냉담한 시선 속에서 영업을 지속해야 한다. 그리고 어느 정도 두각을 나타내기 시작하면 본격적으로 구기술과의 경쟁에 내몰리게 된다. 물론 이런 과정을 다 이겨낸다면 결국 기존 기술을 대체하고 보편적인 기술이 될 것이지만 많은 신기술이 비용과 시간만 소모한 채 도태되기도 한다. 구기술은 도전자들의 이런 비운 덕분에 시장을 선점한 자의 여유, 기득권을 누리며 더 오래 명맥을 유지할 수 있는 것이다.

5

도요타와 테슬라,
당신의
선택은?

'꿩 대신 닭'도 괜찮은 전략이다

하이브리드(hybrid)는 두 개 이상의 종(種)끼리 서로 다른 기능이나 요소를 결합한 것으로서 사전적으로는 복합, 혼합, 잡종, 혼성, 혼혈 등의 뜻이 있다. 통상은 이종 간에 각자의 장점만을 선택해 합침으로써 성능이나 경제성을 향상시키는 것을 목적으로 한다.

대표적인 하이브리드 제품으로는 '하이브리드 자동차'가 있다. 하이브리드 자동차는 엔진, 즉 내연기관으로 동력을 얻는 기존 자동차와 전기 모터를 이용하는 전기차의 특징을 다 가지고 있다.

1997년 도요타가 세계 최초로 하이브리드 자동차 '프리우스'를 출시했고 이후 다른 나라 자동차 브랜드에서도 하이브리드 차량을 속속 출시했다. 2009년에는 국산 자동차 '아반떼'와 '포르테'가 하이브리드로 출시되었다. 이와 함께 하이브리드라는 용어가 일반 대중에게 확실히 각인되기 시작했다.

내연기관은 기관 내에서 디젤이나 가솔린 또는 LPG 같은 화석연료를 연소시켜 에너지를 얻는 방식으로서 오랜 자동차의 역사만큼 엔진 기술의 완성도가 높다. 그러나 연료의 가격이 비싸고 연소 시 대기오염 물질과 온실가스를 배출하는 근본적인 문제를 가지고 있다.

이런 내연기관의 문제를 해결한 것이 전기차다. 그러나 초기 전기차는 이론적으로는 완벽했으나 이를 현실화할 기술이 부족했다. 전동 카트와 전기 셔틀버스, 유틸리티카 등 저속 단거리 이동수단에서는 전기차가 활용되고 있었지만 일반적인 자동차 수준의 성능을 갖추지는 못했다. 왜냐하면 기존 자동차처럼 고출력을 내면서 장거리 주행하기에는 배터리의 효율이 낮았고 가격도 너무 비싸서 대용량을 탑재할 수 없었기 때문이다.

그래서 대안으로 떠오른 것이 바로 하이브리드 자동차다. 이것은 내연기관 차량과 같은 구조에 전기 모터와 소용량 배터리를 결합한 형태다. 주행 시에는 엔진과 모터가 출력을 분담하거나 번갈아가며 구동하는 방식이다. 따라서 순수 내연기관 차량에 비해 화석연료를 적게 소모하므로 연비가 좋고 오염물질도 덜 배출하는 것이다. 다만 모터와 배터리가 추가된 만큼 차량 구매 가격이 올라가기 때문에 기존 차량보다 경제적으로 크게 이익이라고 보기는 어렵다.

자동차 산업에서 하이브리드 자동차는 기존 내연기관 차량에서 전기차로 바로 넘어가지 못하는 기술적 한계로 인해 탄생했다. 내연기관은 구기술, 전기차는 신기술, 하이브리드는 둘 사이를 잇는 과도기 기술에 해당한다. 이 같은 하이브리드 자동차의 탄생 과정을 보면서 기업들이 중대한 기술 변화에 어떻게 대응했는지 살펴보자.

21세기 들어 선진국을 필두로 환경에 대한 규제를 강화하고 있는 상황에서 다수의 자동차 기업은 내연기관 차량의 종말이 다가올 것이며 다음 세대의 주력 자동차는 전기차가 될 것이라고 예상했다. 하지만 이미 시장에서 내연기관 차량으로 입지를 다지고 지배력을 확보한 기업들은 지금까지 잘 굴러가던 사업 모델을 축소하고 새롭게 전기차 개발에 뛰어드는 선택을 하기는 어려웠다.

그래서 이들은 신기술에 전력투구하는 대신 구기술과 신기술의 구성 요소들을 결합하는 하이브리드 차량에 매달리게 됐다. 이런 전략은 소비자에게 가장 편안하게 접근할 수 있는 옵션이라고 판단되며 일정 정도 효과를 발휘한다.

그러나 기존 기업들이 하이브리드 차량에 얽매여 있는 동안 '테슬라' 같은 신흥 주자들은 전기차라는 신기술을 완성하고 시장에서 입지를 구축할 수 있는 시간을 벌게 됐다. 테슬라가 전기차 시장을 선도하며 점유율을 높여 나가자 기존 기업들은 뒤늦게 전기차 개발에 착수하면서 전기차 분야의 후발주자가 돼버렸다. 기득권 집단이었던 기존 기업들은 전기차 시장에 먼저 진출할 수 있는 유리한 위치에 있었음에도 하이브리드를 선택함으로써 시장 선점 기회를 버린 것이나 다름없다.

하이브리드 차량이 고객의 관심을 받으면서 얼마간은 기존 기업에게 도움이 되었지만 결국에는 이들 기업이 전기차 개발에 뛰어드는 시기만 늦추는 꼴이 되고 말았다. 하이브리드 제품으로 성공한 기업들이 신기술로 전환하는 데 가장 느린 행보를 보이는 것이 우연은 아니다. 앞서 1997년에 하이브리드 자동차를 최초로 출시했던 도요타는 20년이 지난 2017년이 돼서야 비로소 전기차를 출시했고, 2019년에 이르러서야 전기차 대량 생산 계획을 세우기 시작했다.

하이브리드의 등장은 구기술의 쇠퇴 신호

하이브리드의 함정이라고 해야 할까? 이는 다른 분야에서도 반복되는 패턴이다.

1950년대까지는 라디오에서 전기 신호를 정류하고 증폭하는 회로에 진공관이 주로 쓰였다. 이는 보편적인 기술이었으며 당시 전자제품에 관한 기술 특허는 미국, 독일, 네덜란드 등 서방에 있었다. 그런데 1958년경 일본에서 트랜지스터를 활용한 라디오를 생산하기 시작했다. 그러자 미국 전자 회사들은 전통적인 진공관에 트랜지스터 기술을 접목한 제품을 개발해서 일본이 선보인 트랜지스터라디오에 대응했다. 미국 제조사들이 만든 하이브리드 방식의 라디오는 일본의 휴대용 트랜지스터라디오보다 두 배나 더 무거웠다. 트랜지스터는 진공관보다 크기도 작고 전력 소모도 훨씬 적기 때문에 라디오를 소형화할 수 있었지만 하이브리드 라디오는 기존의 진공관 기술과 트랜지스터 기술을 모두 사용하다 보니 크기가 더 커진 것이다. 결국 하이브리드 라디오는 사라지게 됐다.

또 다른 사례는 잘 알려진 '코닥'에 대한 이야기다. 1990년대 초반, 디지털 이미징이라는 기술이 개발되었는데 이 기술을 개발한 기업은 바로 필름 시장의 절대 강자였던 코닥이다. 이 기술은 인화된 사진을 스캔하여 디지털 이미지로 변환해 저장하거나 공유한 뒤 사진을 볼 때는 다시 종이로 인화해서 보도록 하는 기술로서 필름 사진과 디지털 사진 기술을 결합한 것이었다. 코닥은 최대한 선명한 사진을 재현하기 위해 디지털 프린팅 기술과 인화지 개발에 많은 투자를 지속했고 2000년대 중반 드디어 디지털 프린팅 기술의 강자가 되는 데 성공했다.

그러나 결과는 모두 알다시피 사람들은 디지털 이미지를 그냥 모니터나 스마트폰 화면으로 볼 뿐 굳이 종이로 인화해서 보지 않았기 때문에 디지털 프린팅 자체가 아무 의미가 없게 되었다. 코닥은 디지털 카메라가 보급된 뒤에도 사람들이 필름 카메라 시절에 했던 습관대로 사진을 인화해서 볼 거라고 오판했던 것이다. 때마침 2007년 아이폰이 등장하면서 코닥의 실패는 더 분명해졌고 결국 2012년 파산하게 됐다. 아이러니한 것은 코닥은 1975년에 이미 세계 최초로 디지털 카메라를 발명하고도 이를 상용화하지 않은 채 엉뚱하게 디지털 이미징 기술에 매달렸다는 사실이다.

마지막 사례는 스마트폰과 피처폰의 특징을 하나로 합쳐놓았던 블랙베리 휴대폰에 관한 이야기다. 스마트폰이 보급되어 사람들이 터치스크린에 익숙해졌는데도 블랙베리는 터치스크린과 함께 아래쪽에 전통적인 물리 키보드를 배치한 디자인으로 스마트폰과의 차별화를 꾀했다. 이후 몇 년 동안이나 이런 형태를 고수하며 독자적인 길을 가다가 스마트폰과의 기술 격차만 더 벌어지게 되었고 블랙베리는 시장에서 사라지게 됐다.

기술의 대전환 시기에 등장하는 하이브리드 기술은 결국 시대의 흐름에 밀려 신기술에게 자리를 내주고 만다. 신기술이 완성되어 시장을 완전히 장악하기까지 한동안은 신기술과 공존하게 되는데 그 기간이 길면 10년을 넘기기도 한다.

하지만 하이브리드의 유효기간이 길다고 좋아할 일만은 아니다. 하이브리드에 오래 얽매여 있을수록 신기술 전환이 늦어지기 때문이다. 또한 앞선 사례에서 보듯이 여러 노력에도 불구하고 하이브리드 기술은 신기술에 비해 열세에 놓일 수밖에 없다.

기존 기술에 새로운 기술이나 개념을 접목한 하이브리드가 등장했다는 것은 머지않아 구기술이 쇠퇴하고 신기술의 시대다 열린다는 신호다. 그리고 그것은 구기술이 기술수명주기에서 성숙기를 지나 쇠퇴기에 접어들 것임을 의미한다.

6

손흥민이
모든 운동을 다 잘하는 건
아니다

나에게 맞는 기술 선택하기

어떤 기술을 배울 것인가? 이 질문에 대한 답을 찾기 위해 지금까지 기술과 산업의 측면에서 고려할 점들을 살펴보았다. 이번에는 개인의 관점에서 본인의 주관적 성향이나 상황을 어떻게 고려할 것인지 생각해보고자 한다.

사람마다 처한 입장이 다르고 개성도 각양각색이다. 아무리 전망이 좋다고 평가되는 직종이라도 자신에게 맞지 않으면 잘하기 어렵고 만족감도 떨어질 것이다. 그러므로 먼저 스스로에 대해 이해하고 그것을 바탕으로 자신에게 맞는 기술을 선택해야 시행착오를 줄일 수 있다.

자신이 어떤 사람인지 알기 위해서는 명상이나 산책, 글쓰기 등을 하면서 자신의 내면을 들여다보고 천천히 생각해보는 것이 좋다. 또는 자신과 너무 가깝지도 멀지도 않은 사람 중에 신뢰할 만한 사람이 있다면 그에게 물어보는 것도 좋은 방법이다. 심리검사나 성격검사를 통해 조금 더 객관적으로 자신의 성향을 파악하는 방법도 있다.

자신이 어떤 사람인지 알게 됐다면 이제 성격과 기술의 관계에 대해 생각해볼 차례다. 어떤 성격을 가진 사람이 기술계열에 적합할까?

우선 편향적인 사고가 필요하다. 편향된 고정관념이 아니라 편향적으로 생각하는 습관을 말한다. 생각이 한쪽 방향으로 치우치면 폭넓은 대인관계에는 다소 지장이 있을지 모르지만 기술계열에서는 편향적인 사고가 오히려 자기 분야에 집중하면서 깊이 파고드는 데 도움이 된다. 또한 여러 가지를 두루두루 다 좋아하기보다 호불호가 명확한 사람들이 자기 일에 강한 확신을 가지기 쉽다.

다음으로 의문을 품고 의심하는 자세가 중요하다. 기술은 정확성이 생명인데 그것을 위해서는 항상 잘못된 부분이 없는지 의심하면서 확인하는 습관을 가져야 하기 때문이다. 낙관적이거나 긍정적인 사고는 분명하지 않은 상태를 용인하는 경향이 있다. 기술자에게 있어 모호함은 곧 불안정과 결함을 의미할 뿐이다.

마지막은 물질을 다루는 감각이다. 세상의 구성을 단순히 인간과 물질로 나눴을 때 인간보다 물질에 대한 감각이 더 뛰어난 경우를 말한다. 물질을 다루는 감각은 다시 2가지로 구분해서 생각할 수 있다. 첫 번째는 정밀하고 세밀한 물질에 대한 감각으로서 정밀공학이나 화학공학 분야에 적합하고, 두 번째는 넓은 공간 및 방향성에 대한 감각으로서 토목, 건축공학, 우주공학 등에 적합한 감각이다.

기술계열에 적합한 기본 성향을 살펴보았는데 기술계열 내에서도 분야별로 특성이 다르기 때문에 각각에 어울리는 성격을 더 세분화해서 들여다볼 필요가 있다. 현장에 나가 보면 특정 기술 분야에 종사하는 사람들은 성격이 비슷한 경우가 많다. 그리고 간혹 한 가지 일을 오랫동안 해 온 사람들 중에는 일을 하면서 성격이 변했다는 사람도 있다. 이런 현상이 나타나는 이유는 기술의 특성에 따라 그것에 잘 맞는 성격이 따로 있기 때문일 것이다.

나는 이 가설이 정말 근거가 있는 것인지 확인하기 위해 여러 가지 자료를 찾아보았으나 사람의 성격과 기술의 특성을 대응시킨 자료를 찾을 수 없었다. 그래서 먼저 성격 또는 상황을 2가지씩 상반되게 설정하고 그것을 토대로 각각에는 어떤 기술 분야가 적합한지 추론하는 방식으로 성격과 기술의 관계를 정리해보려 한다.

　성격이 외향적이고 개방적이면서 활동성이 강한 사람은 주변 동료들과 계속 소통할 수 있고 한곳에 머물러 있기보다 여러 현장을 옮겨 다니면서 하는 일이 적합할 것이다. 건설, 전기, 통신 분야 대부분이 여기에 해당하고 업무로는 설비구축, 유지보수, 기술영업 등이 좋다. 반면 내향적이거나 일정한 공간에 머물면서 차분하게 일하는 것을 선호하는 성격이라면 정적인 일이 잘 맞을 것이다. 예를 들어 실내 인테리어, 자동화시스템 제어, 구내 네트워크 관리, 정보보안, 빅데이터 및 인공지능 분야 등이 여기에 해당한다.

　공간 감각이 뛰어나고 손기술이 좋은 사람은 기능적인 작업의 비중이 높은 분야가 적합하다. 관련 분야로는 실내건축 분야에서 목공, 미장, 도배, 타일 등과 기계·장비·설비 분야에서 기계제작, 사출금형, 부품가공, 보일러, 승강기 등이 있으며, 그 밖에 가구제작, 자동차정비, 드론조종 등이 있다.

　만약 자신이 체력이 약하다면 당연히 체력적인 부담이 큰일은 할 수 없다. 무겁고 큰 장비를 힘으로 조작하는 일, 또는 열이나 압력을 몸으로 버티면서 하는 일 등은 자신의 선택지에서 배제해야 한다. 반대로 체력이 좋은 사람이라면 이런 분야에 도전하는 것에 문제가 없다. 기계·장비·설비 분야 대부분과 건설 분야 중 목공, 배관, 토목 등이 체력적인 부담이 큰 업종에 해당한다.

성격이 꼼꼼하고 관찰력이 좋으며 생각을 글로 표현하는 능력이 있다면 전반적인 기술 분야에서 감리나 안전관리 업무를 하기에 적합하다. 이 같은 업무는 건설, 기계, 소방, 전기, 가스 등의 산업 현장에서 규정에 어긋나는 부분을 찾아 보완을 요청하고 이를 보고서로 작성하는 일을 하기 때문에 꼼꼼하면서 차분한 성격을 가진 사람에게 잘 맞을 것이다.

학창시절에 수학과 물리학을 웬만큼 공부했다면 기술에 대해 공학적으로 파고들어 보는 것도 좋다. 대부분 공학적인 공부는 수학과 물리학이 기본이므로 기초학력이 중요하다. 하지만 자격증을 취득하는 정도의 수준에서는 중학교 때까지 배운 것만 알고 있어도 충분하다. 기사 자격증을 취득하면 공사 사무직이나 기술 관리직으로 일할 기회가 생길 것이다.

나를 둘러싼 주변 상황도 살펴라

그밖에 개인의 입장에서 고려할 사항이 몇 가지 더 있다. 본인이 선택한 기술이 자신의 전공이나 과거 경력과 유사한 부분이 있는 경우에는 기술 배우기가 상당히 유리해진다. 해당 분야에 대한 기본적인 지식과 정보를 가지고 시작하게 되어 시행착오를 줄일 수 있기 때문이다. 나는 컴퓨터를 전공했는데 어쩌다 보니 그것과 유사성이 있는 통신 쪽 일을 하게 됐고, 통신 경력이 10년쯤 됐을 무렵에는 통신과 연관성이 높은 전기를 공부하게 됐다. 만약 통신을 업으로 하다가 전혀 다른 토목이나 건축을 공부했다면 막막했을 것이다.

다음으로 고려할 사항은 멘토 및 조력자의 유무다. 자신이 멘토로 삼아서 따라갈 수 있는 대상이 있으면 목표에 대한 믿음과 용기를 유지하는 데 큰 도움이 된다. 멘토가 꼭 나와 안면이 있을 필요는 없다. 책이나 블로그를 보고 알게 된 사람이라도 자기 분야에서 성공했으면서 그의 노하우가 알려져 있다면 마음속의 멘토로 삼으면 된다. 조력자의 존재도 중요하다. 어릴 적 초등학교에 입학했을 때를 떠올려 보라. 비록 공부를 못하는 형일지라도 형이 있는 애들이 혼자인 애들보다 학교에 더 빨리 적응한다.

기술 배우기에 투입할 시간과 비용도 고려하지 않을 수 없다. 목표를 세우고 그에 따른 계획도 짰는데 시간이 없어서 계획을 실행하지 못하는 경우가 생길 수 있다. 지금 다니는 직장에서 퇴근이 너무 늦다거나 주변에 챙겨야 할 일이 많아서 정말로 시간을 만들기 어려운 경우다. 또한 배움에는 비용이 들어간다. 표면적으로는 교육비와 경비가 들지만 기회비용도 포함해야 한다. 하찮은 기술을 많은 돈을 내고 배우는 것은 어리석고 고급 기술을 적은 돈으로 배우려는 생각은 무모하다. 따라서 목표를 세울 때는 항상 투입되는 시간과 비용을 따져서 목표의 크기를 정하고 계획도 상황에 맞게 현실적으로 짜야 한다.

끝으로 가장 중요한 것은 가족의 지지와 배려다. 내가 뭘 배우겠다고 다른 곳에 신경을 쓰고 있으면 당연히 가족을 챙기는 데 소홀하게 되므로 가족들은 불만이 생길 수밖에 없다. 이때는 가족이 나의 선택을 반대하지 않고 지지해주는 것만으로도 큰 힘이 된다. 만약 가족이 동의하지 않는 선택을 했다면 그 결정이 정말 최선인지 다시 생각해볼 필요가 있다.

기술직에 대한 오해와 진실

기술직은 일반적인 사무직에 비해 평균 임금이 높은 경우가 많다. 또한 연차에 따라 숙련도가 올라가고 그에 따라 연봉이 상승한다. 특히 '시중노임단가'나 '표준품셈' 같이 업계에서 정해 놓은 노무비 관련 기준이 존재하기 때문에 일의 내용에 따라서 합리적으로 급여를 책정하고 보장받을 수 있다. 또한 이직을 하더라도 이전의 경력과 숙련도를 인정받는 장점이 있다.

하지만 아직도 기술직에 대한 오해와 편견으로 인해 기술 배우기에 도전하는 것을 주저하는 사람들이 많다. 왜 이런 오해와 편견이 있는 걸까? 그것은 사람들이 기술직 또는 기술자가 하는 일에 대해 잘 알지 못하기 때문일 것이다.

기술직이라 하면 일반적으로 고되고 몸 쓰는 험한 일이라고 생각한다. 사무직보다 육체노동이 수반되는 것은 맞지만 일을 하다 보면 요령이 생기기 때문에 일에 적응하면 몸이 느끼는 강도는 낮아질 수 있다. 또한 요즘 현장에서는 힘쓰는 일은 기계와 전문 장비를 이용하고 있어 작업자의 육체적 부담이 상당히 줄어들었다.

한편 일하는 곳이 주로 실외이므로 더위와 추위 등 날씨에 그대로 노출되고 실내 작업이라고 해도 쾌적하지 않은 공간에서 일하지 않을까 하는 우려가 있는데 이는 산업분야에 따라 다르므로 이 또한 편견이라 할 수 있다.

가장 큰 편견은 기술직이 몸으로 하는 일이다 보니 머리가 나빠도 할 수 있다고 생각하는 경우이다. 그러나 기술의 전문성과 현장에 대한 이해, 빠른 상황 판단 능력, 협업하는 사람들과의 커뮤니케이션 능력까지 필요로 하므로 기술직은 아무나 할 수 있는 일이 아니다.

사실 기술자라고 하면 범위가 너무 넓고 추상적이 면이 있다. 전래동화『선녀와 나무꾼』에서 주인공 나무꾼은 기술자일까 아닐까? 일단 나무 베기 기술이 있으니 기술자 맞다. 그런데 나무꾼 경력이 고작 3개월밖에 안 돼서 기술의 숙련도가 낮은 상태라면 기술자라고 할 수 있을까? 아니면 다른 나무꾼들은 '전기톱 운용기능사' 자격증을 소지하여 전기톱으로 나무를 베는데 주인공 나무꾼만 독학으로 터득한 도끼 기술로 나무를 베고 있다면 이 나무꾼은 기술자일까?

기술자는 이런 상대적인 개념보다 나름대로 객관적인 기준으로 구분하여 정의할 수 있다. 기술의 개념에는 크게 '기술'과 '기능'이 있다. 둘 다 넓은 의미의 기술(Skill)에 속하는 단어이므로 서로 혼동할 수 있으나 꽤 큰 차이가 있다.

기술적 기술(Engineering Skill)은 공학적 관점에서 연구, 설계, 개발 등을 하는 기술을 의미하며 대학교 이상에서 가르치는 지식들이 여기에 해당한다. 반면 기능적 기술(Technical Skill)은 가공, 조립, 수리 등과 같이 반복적인 숙련을 통해 얻는 기술을 의미한다.

기술자 또는 기술인이라고 하면 전문적인 기술을 가진 사람을 통칭하는 말로서 매우 포괄적으로 쓰이고 있다. 기술자는 크게 작업자, 기능인(숙련공), 그리고 기술인으로 구분할 수 있는데 대체로 기술자라고 하면 기능인부터 기술인까지를 의미한다.

작업자(Operator)는 이미 개발된 기술을 활용하여 각종 제품을 만들고 기계를 조작하는 정도의 능력을 갖춘 사람이다. 작업을 위해 학력이나 자격 요건이 필요치 않고 기술인 또는 기사의 지도와 감독 아래 비교적 단순한 작업을 반복적으로 수행하게 된다.

기능인(Craftsman or Skilled Worker)은 기술적 설명을 이해하고 기술적인 도면을 해독할 수 있는 인력으로서 작업자보다 뛰어난 기술을 갖추고 있으며 작업자를 위해 설비를 설치하거나 일상적인 유지보수 등의 일을 수행한다.

기술인(Technician)은 작업의 전체적인 공정을 기술적, 이론적으로 완전히 이해하며 필요에 따라 기술적 판단도 내릴 수 있는 수준의 능력을 갖춘 인력이다. 현장에서 총괄책임을 맡아 작업자 및 기능인에게 작업지시와 지도, 조언을 하기도 한다.

대체로 사람들은 건설현장 같은 곳에서 볼 수 있는 일용직 인부들, 소위 '노가다꾼'들까지 기술자로 생각하면서 기술직이란 정말 고되고 사회적 지위도 낮을 거라고 생각한다. 물론 이런 사람들도 현장 경력이 쌓이게 되면 작업 노하우를 가지게 되지만, 오늘 일당으로 15만 원을 받던 사람이 경력이 오래됐다고 해서 30만 원을 받는 경우는 드물다. 그들은 그냥 그때의 시세에 맞춰 자신의 품을 팔고 일당을 받을 뿐이다.

일용직 인부들의 한계는 경력이 10년이 됐더라도 동일한 공정과 유사한 작업에 고정적으로 투입되지 않고 오늘은 비계작업, 내일은 철거작업, 모레는 배관작업, 그다음에는 콘크리트 작업 등 가는 현장마다 하는 일이 바뀌기 때문에 일정한 기술을 연마하기 어렵다는 데 있다.

기술자로 인정받으려면 그만큼 많은 노력과 시간이 필요하다. 공부를 해서 학위나 자격증을 취득하든지 현장에서 긴 시간을 버티면서 특정한 기술을 연마하든지 했을 때 자타가 인정하는 기술자라는 타이틀을 얻을 수 있다.

기술자가 되면 다른 기술자를 알아보는 눈이 생긴다. 아는 만큼 보인다는 말이 있지 않은가. 어쩌면 앞서 이야기한 긴 설명이 필요 없을 수도 있다. 기술자는 다른 기술자들에게 인정받아야 진정한 기술자라고 할 수 있다.

배우기 좋고
써먹기 좋은
기술들

3장

소자본 창업이
가능한
1인 기술

나도 사장이 될 수 있다

몇 년 전 채널A의 인기 프로그램 〈서민갑부〉에서 가전제품 청소 전문가 이승훈 씨의 이야기가 방영되었다. 그는 가전제품을 분해해서 내부 먼지와 찌든 때를 말끔하게 제거해주는 사업을 하면서 연간 10억 원의 매출을 올리는 '가전제품 청소계의 스티브 잡스'라고 소개됐다.

서민갑부 이승훈 씨는 전형적인 1인 기술자라고 할 수 있다. 1인 기술이란 한 명의 기술자가 가벼운 손공구 등을 이용하여 작업의 전 과정을 단독으로 처리하는 것을 말한다. 그래서 작업의 규모가 비교적 작으며 해당 작업의 완성도가 전적으로 작업자의 손기술에 의해 좌우되는 특징이 있다. 그와 반대로 대형 설비를 설치하고 유지, 보수하는 일, 또는 전문 기계나 기구를 사용하면서 하는 일, 작업 영역이 광범위한 일 등은 전체 작업의 상황을 살피면서 다른 기술자와 협업해야 하는 것들이므로 1인 기술이 아니다.

기술자 혼자서 모든 일을 처리할 수 있는 1인 기술은 1인 창업이 가능한 장점이 있기 때문에 기술만 배워서 소자본으로 창업을 시도하려는 사람들에게 주목 받고 있다. 단, 1인 창업은 영업력과 고객관리 능력 등 본인의 사업 수완이 중요한 성공 요소이므로 사전에 충분한 계획과 준비가 필요하다.

최근에는 '홈케어'와 관련된 기술을 배워서 1인 창업에 뛰어드는 사람들이 증가하고 있다. 집 안에 있는 거의 모든 것을 대상으로 청소, 수리, 개조, 교체 등의 작업을 진행하여 집을 더 살기 좋은 공간으로 만드는 것을 홈케어라고 한다. 집을 전체적으로 뜯어 고치는 리모델링과 달리 홈케어는 필요한 부분만 합리적인 금액으로 개선할 수 있기 때문에 수요가 많은 편이다.

주방 쪽에서 할 수 있는 작업으로는 조리대의 후드 교체부터 음식물 처리기 시공, 싱크대 상판 연마코팅, 싱크볼과 수전 나노코팅 등이 있으며, 욕실에서는 바닥 줄눈시공, 세면대 및 욕조의 나노코팅, 욕실장 리폼 등이 있다. 그 밖에 에어컨과 세탁기의 분해 청소, 거실 바닥 코팅, 소파 및 침대 같은 가구의 살균청소 등 다양한 아이템이 홈케어 분야에 포함된다.

홈케어 분야는 남녀노소 누구나 도전할 수 있고 계절과 날씨에 상관없이 실내에서 이루어지는 일이므로 비수기가 없는 것이 장점이다. 또한 아이템과 사업 수완에 따라 차이가 있겠으나 대체로 다른 기술 분야에 비해 수입도 높은 편이다. 보통은 한 가지 아이템에 집중하며 자신만의 전문성을 높여가는 것이 일반적이지만 어느 정도 경력이 쌓이면 아이템을 하나둘씩 추가해서 사업 범위를 넓혀 나가는 것도 가능하다.

기술을 배우기 위해서는 통상 기존 업체에 직원으로 들어가서 다른 기술자의 작업을 보조하면서 배우는 경우가 많다. 이런 경우 1~2년 정도 경험을 쌓으면 단독으로 작업이 가능할 정도의 수준이 된다고 한다. 한편 기존 업체들 중에는 기술을 배우고자 하는 사람들을 모집하여 일정한 교육비를 받고 직접 가르쳐주는 곳도 있다. 아무래도 교육의 형식을 띠면 가르치는 사람이나 배우는 사람 모두 적극적으로 임하게 되고 기술에 대한 전반적인 내용을 비교적 단기간에 함축하여 전달할 수 있기 때문에 효율성이 좋다. 어떻게 기술을 배울 것인지는 본인의 상황과 목적에 따라 선택하면 된다.

무점포, 무재고, 무위험

홈케어 외에 출장 세차도 1인 기술로 창업하기 좋은 아이템이다. 차량 관리는 크게 차량 정비와 세차로 구분되는데 정비의 경우에는 요구되는 기술 수준이 높고 별도의 사업장과 전문 장비가 필요하므로 1인 기술로 접근하기에는 한계가 있다. 하지만 세차의 경우는 소규모로도 할 수 있기 때문에 관련 기술을 배우고 간단한 장비만 갖추면 1인 창업이 가능하다.

세차는 일반적으로 자동세차와 셀프세차를 많이 하고 있으나 출장 세차에 대한 수요도 꾸준히 늘어나고 있으며 이미 관련 시장이 꽤 크게 형성되어 있다. 고급차 소유주나 차를 아끼는 사람들이 출장 세차를 주로 이용한다. 사업이 안정되면 법인차량을 많이 보유한 큰 회사를 대상으로 영업하면서 매출 확대를 노려볼 수 있다.

그렇다면 출장 세차 기술은 어떻게 배워야 할까? 첫째, 출장 세차 전문 업체와 체인점 계약을 맺는 것이다. 이 경우 본사에서 기술을 가르쳐주고 창업 준비까지 도와준다. 이와 같은 프랜차이즈 창업 방식은 이미 검증된 비즈니스 모델과 브랜드 이미지를 활용하여 사업을 시작하므로 성공 가능성이 높고 홍보에 대한 부담도 줄일 수 있다. 본사로부터 필요한 교육 및 지원을 받을 수 있기 때문에 경험이 부족한 창업자에게 매우 유용한 방법이다. 하지만 이 방법은 빠르고 효과적인 반면 계약 및 컨설팅 비용이 추가로 들어갈 수 있음을 감안해야 한다.

둘째, 다소 시간이 걸리더라도 현장 바닥에서부터 직접 몸으로 부딪치며 배워나가는 방법이다. 직원이 한두 명 정도인 작은 매장에 취직해서 사장님과 함께 일하다 보면 자연스레 기술을 습득할 수 있을 것이다. 물론 실제 현장에서는 누군가를 차분하고 꼼꼼하게 가르칠 만큼의 여유가 없다. 작업을 한 건이라도 더 처리해야 돈이 되므로 사장이나 직원이나 시간에 쫓기며 각자 할 일을 할 뿐이다. 사장님이 직원에게 기술을 하나하나 가르쳐줄 거라고 기대하기는 어렵다. 결국 본인 스스로가 능동적으로 관찰하고, 찾아보고, 직접 해보고 하면서 기술을 익혀야 한다.

1인 기술을 기반으로 창업하는 것에는 분야를 막론하고 한 가지 공통점과 유의해야 할 사항이 있다.

소자본, 소규모 창업이라는 특성 때문에 관련 시장에 진입하려는 사람들이 계속 늘어날 것이므로 나중에는 경쟁이 치열해질 가능성이 높다. 자신만의 뛰어난 기술력으로 차별화를 시도하면서 경쟁력을 유지할 수는 있겠으나 결국 사업의 성패는 기술보다 영업이 크게 좌우할 것이다. 그래서 개인 사업자는 기술뿐만 아니라 영업력과 서비스 마인드도 함께 갖춰야 한다.

일반적으로 회사에는 기술부서와 영업부서가 나뉘어 있으며 각각의 전문성을 가진 사람들이 해당 부서에 소속되어 있다. 보통은 기술자와 영업자가 서로 반대 성향을 가졌다고 하는데 나의 경험상으로도 그 말은 맞는 것 같다. 1인 창업을 하게 되면 기술과 영업 두 가지를 혼자서 다 맡아야 하기 때문에 무작정 뛰어들기보다 먼저 본인의 성향과 적성, 능력에 대해 냉정하게 판단해보는 것이 필요하다. 만약 본인이 기술을 배우는 것은 할 수 있지만 혼자서 사업을 이끌어갈 자신이 없다면 훌륭한 사장님과 함께 일하는 유능한 직원이 되는 것도 나쁘지 않은 선택일 것이다.

무한한
가능성을 가진
드론 조종자

드론은 어디까지 비상할까?

내가 소속된 곳은 충청북도를 사업권역으로 삼고 있는 케이블TV 방송국이다. 나는 전송망 운영 업무를 담당하다 보니 방송 프로그램 제작에 대해서는 잘 모른다. 하지만 우리 회사의 방송 제작비나 촬영 장비들이 메이저 방송국에 비해 충분치 못한 것만은 분명해 보인다. 그래서 제작

환경에 맞게 프로그램의 형식과 규모를 제한할 수밖에 없다. PD들 가운데는 아이디어가 넘치고 역량이 뛰어난 사람도 있지만 지역 방송국이라는 한계에 갇히는 점이 안타깝다.

우리 회사의 편성제작팀에 김 모 PD가 있다. 나이는 나보다 몇 살 더 많은데 덩치가 크고 마치 산적 두목을 연상시키는 외모를 가졌다. 목소리도 딱 산적 두목이다. 김 PD는 2020년 시무식에서 그해 본인의 개인적인 목표가 드론 자격증 취득이라고 말했다. 그리고 몇 개월 후 실제로 드론 자격증 취득에 성공했다.

그때부터 김 PD가 제작하는 프로그램에는 드론 촬영 영상이 등장하기 시작했다. 심지어 드론으로 찍은 영상만 모아 편집한 'On The Sky'라는 프로그램을 만들기도 했다. 게다가 충북의 한 지자체로부터 관광명소 8곳을 드론으로 촬영하여 홍보 영상을 만들어주는 사업도 수주했는데 덕분에 2천만 원 가량의 매출을 올리기도 했다.

김 PD는 이제 드론 촬영 전문가가 됐다. 웬만한 프로그램에는 다 드론 촬영 영상을 쓴다. 그리고 다른 PD들이 맡은 프로그램에도 촬영 지원을 해주면서 회사의 공식적인 드론 전담 기술자로 거듭났다. 개인적인 생각이지만 김 PD가 드론 촬영을 시작하기 전에 그가 제작한 프로그램은 약간 올드한 느낌이 있었다. 클래식한 빈티지 감성을 추구한다는 핑계가 안 먹힐 정도로 제작환경의 한계가 뻔히 보였다. 하지만 김 PD는 드론 촬영 기술을 배움으로써 프로그램도 살리고 본인도 살렸다. 승진까지 했으니 말이다.

드론은 약 100년 전 군사 목적으로 개발되었다. 초기에는 미국 공군에서 미사일 사격 훈련을 위한 대상물로 사용했다고 한다. 2000년대 중반부터 본격적인 군사용 무기로 발전했으며 현재는 사물인터넷, 인공지능과 결합하면서 쓰임새가 넓어지고 있다. 드론은 방제, 항공촬영, 순찰 및 감시, 치안과 경호, 화재 진압, 난민 구조, 공중 방역, 초미세먼지 측정, 통신 중계, 시설물 진단, 각종 서비스 등 여러 부문에서 활용된다. 과거에는 드론이 공공의 영역에서 주로 활용되었으나 현재는 상업용 드론의 비중이 훨씬 커진 상태다.

드론은 물류 및 배송 과정에서 빠른 속도와 저비용을 제공하여 효율성을 향상시킬 수 있다. 예를 들어 소형 패키지의 빠른 배송이 요구되는 상황에서 드론으로 짧은 거리의 소형 패키지 배송을 수행하면 시간과 비용이 절감된다. 또한 드론을 사용하면 교통 혼잡과 같은 물류 배송의 병목 현상을 극복하고 접근이 어려운 지역에서의 배송도 가능해진다.

드론은 재난 현장에서 상황을 신속히 파악할 뿐만 아니라 사람이 도달하기 어려운 지역에서 탐색과 구조 작업을 수행하기에 유용하다. 고립된 지역이나 산악 지형, 침수된 지역 등에 빠르게 도달하여 생존자를 찾아내고 필요한 구조 작업을 지원하는 역할을 한다.

그밖에 도로, 교량, 철도 등의 공공시설과 산림 및 하천, 해양 등의 자연 자원 관리에서도 드론의 활용도가 높아지고 있다. 건설 부문에서도 드론은 매우 유용하다. 공정 및 안전관리 업무에 드론을 투입하고 있으며 조감도를 만들거나 완성된 건축물의 하자를 찾아내는 데도 드론을 활용하고 있다.

이렇게 드론 산업이 성장한다고 해서 미래가 무조건 긍정적이기만 한 것은 아니다. 인터넷이 발달하면서 세상을 이롭게 했지만 해킹과 사이버 테러 문제가 생겨났듯이 드론의 활용 범위가 확대될수록 드론 관련 사고와 사생활 침해 등 부작용이 증가하고 있다. 게다가 드론을 이용한 불법 촬영, 드론 공격, 테러 등의 범죄 가능성도 커지고 있다.

드론으로 인해 발생할 수 있는 사회적 문제를 예방하기 위한 기술 개발과 관련법의 구체화 및 사회적 타협이 지속적으로 병행될 필요가 있다. 다행히 현재 범죄에 이용되는 드론을 식별하여 물리적으로 무력화시키는 이른바 안티 드론 기술에 대한 개발 경쟁이 전 세계적으로 치열하게 진행되고 있는 상황이다.

드론 조종자가 되려면

 초창기 민간 드론 산업은 영상 촬영 부문에서 두각을 나타내며 상업적 가치를 입증하기 시작했다. 이후 점차 드론과 카메라, 센서 기술이 발달하면서 드론 조종이 점점 더 쉬워졌고 중국 제조사들을 필두로 저렴한 드론이 다양하게 출시됨에 따라 이제는 일반인들도 어렵지 않게 항공촬영에 도전할 수 있게 되었다.

 요즘에는 많은 사람들이 유튜브 영상 같은 개인 콘텐츠 제작에도 드론을 이용하고 있다. 다만 양질의 사진 또는 영상을 위해서는 드론 자격증과 별도로 촬영 기술에 대한 깊이 있는 공부와 훈련을 해야만 한다. 드론 항공촬영 교육을 실시하는 사설 교육원이 많이 있기 때문에 배우고자 하는 의지만 있다면 얼마든지 전문적인 촬영 기술을 습득할 수 있을 것이다.

 드론 산업이 발전하면서 드론을 운용할 수 있는 유능한 조종자에 대한 수요가 증가하고 있다. 현재 드론 기술을 가르치는 곳은 드론 학과가 있는 대학교 또는 고등학교, 국토교통부 지정 교육기관과 사설 교육기관 등으로 다양하다. 교육 내용은 다소 정형화되지 않은 상태이나 향후 표준화가 이루어질 것으로 예상된다.

드론은 항공안전법 상 초경량 비행장치인 무인멀티콥터로 분류되어 있다. 2021년 3월에 개정된 이 법에서는 중량 250g 이상의 드론을 개인적, 상업적 목적으로 운용하려면 드론 자격증을 반드시 취득하도록 규정하고 있다. 또한 드론을 구매하면 교통안전공단에 장치 신고를 해야 하고 무자격자가 조종할 경우 과태료를 물게 될 수도 있다. 게다가 사업 및 공공기관용으로 드론을 운영할 때는 자동차의 의무보험처럼 드론에 대한 배상책임보험을 필수적으로 가입해야 한다.

드론 국가자격증의 정식 명칭은 '초경량비행장치 무인멀티콥터 조종자 자격증'으로 교통안전공단에서 정한 기준에 따라 교육과 자격시험을 실시하고 있다. 이 자격증의 종류는 1종, 2종, 3종으로 분류되는데 각각 운용 가능한 드론의 무게가 150kg 이하, 25kg 이하, 7kg 이하로 제한된다. 대규모 방재 등을 목적으로 하는 대형 드론을 운영하려면 1종을 취득해야 하고 간단한 촬영이나 취미 용도로 경량 드론을 운영하고자 한다면 3종을 취득해도 무방하다.

드론 자격증을 취득한 뒤에 장기간 드론을 운용하지 않으면 교육 받은 내용을 잊어버릴 뿐만 아니라 조종에 대한 감각도 떨어지기 때문에 자격증이 '장롱면허'가 될 수 있다. 자격증 취득 후 바로 드론과 관련된 일을 할 수 없는 상황이라면 드론 동호회 활동을 하는 것도 좋은 방법이다. 동호회에서 경력이 오래된 선배들에게 고급 기술을 배우고 지속적으로 드론을 운용하면서 본인의 실력을 향상시킬 수 있기 때문이다. 게다가 나중에 드론 관련 일을 하게 된다면 이 분야 사람들과의 인맥이 많은 도움이 될 것이다.

20세기 내내 자동차 산업이 급속도로 성장하면서 자동차와 관련된 제조, 여객, 운송, 교통, 정비, 보험, 자동차 쇼 등 수많은 업종이 생겨났다. 21세기는 드론이 세상의 변화를 이끌어갈 가능성이 매우 높다.

드론이 미래 산업의 핵심으로 자리 잡게 될 것은 거의 확실해 보인다. 그렇다면 드론 관련 종사들의 수요도 증가할 수밖에 없다. 드론 조종자 또는 운용자, 드론 제조와 정비 기술자, 드론 관련 교육자, 드론을 활용한 문화 콘텐츠 제작자, 드론 범죄를 예방하는 전문가 등이 앞으로 우리 주변에서 흔히 볼 수 있는 일반적인 직업이 될 것이다.

60대 작은아버지의
재취업 비결,
전기기능사 자격증

가성비 최고는 단연 전기기능사

여러 측면에서 심도 있는 고민을 해보았지만 여전히 무엇을 배울 것인지 결정하지 못했을 수 있다. 아니면 지금은 어떤 일에 작정하고 달려들어서 시간과 비용을 투자할 여건이 안 되기 때문에 계획을 미뤄야 하는 사람도 있을 것이다. 그렇다고 무작정 손 놓고 있기에는 왠지 흘러가는 시간이 아깝고 그냥 나이만 먹는 것 같아 불안한 생각이 든다.

이런 경우에는 일단 전기 자격증을 따라고 권하고 싶다. 그중에서도 비교적 난이도가 낮은 편에 속하면서 응시 자격에 제한이 없는 '전기기능사' 자격증을 추천한다. 전기기능사는 국가기술자격증 중에서도 가성비가 좋은 자격증에 속한다. '워크넷', '잡코리아', '사람인' 같은 구직 사이트에서 전기기능사라고 검색하면 채용 공고가 상당히 많이 나오는데 그것은 전기기능사가 할 수 있는 일이 그만큼 많기 때문이다.

전기기능사는 보통 전기공사 업체나 전기설비 업체, 시설관리 업체에 소속되어 건물 및 전력 시설물의 전선, 케이블, 전기기계 및 기구를 설치, 보수, 점검 및 관리하는 일을 하게 된다. 우리 주변에서도 전기기능사를 쉽게 볼 수 있다. 아파트 관리사무소에 가면 전기과장과 함께 전기설비 관리를 담당하는 전기주임이 있는데 이들이 전기기능사인 경우가 많다. 참고로 전기과장은 전기산업기사 이상의 자격증 소지자들이 주로 맡고 있다.

머지않은 미래에는 전기차 충전소 내지 간이 충전시설이 주유소보다 훨씬 많아질 것이다. 주유소가 위험물 취급 전문가들의 관리 대상이라면 전기차 충전소는 전기 기술자들의 몫이다. 이에 따라 앞으로 전기 기술자에 대한 추가 수요도 예상해볼 수 있다.

전기기능사 자격증 시험은 응시자격에 제한이 없다. 나이, 경력, 학력, 전공에 상관없이 누구나 응시할 수 있다 보니 일반인들이 은퇴 이후를 준비하면서 많이 도전하는 자격증 중 하나다. 전기기능사는 1차 필기시험과 2차 실기시험으로 진행되며 1년에 3번 시험이 치러진다. 필기시험에 합격하면 2년 동안 필기가 면제되고 최종 합격할 때까지 실기시험만 보면 된다.

필기시험의 경우에는 인터넷에서 무료로 제공되는 강의 동영상을 이용하면 독학도 가능하다. '다산에듀' 홈페이지에 접속하거나 유튜브 채널 '테스트나라'를 검색하면 다양한 강의를 볼 수 있다. 물론 교재는 별도로 구입해야 한다.

필기시험은 전기이론, 전기기기, 전기설비 등 3개의 과목으로 이루어져 있으며 상대적으로 쉬운 전기설비를 고득점 과목으로 잡고 공부하는 것이 좋다. 과목별 과락 없이 총점 60점 이상이면 합격이기 때문에 이런 전략이 가능한 것이다. 개인적으로는 인터넷 강의를 한두 번 정도 집중해서 보고 나머지 시간에 기출문제를 반복해서 풀어보는 것이 가장 효율적인 방법이라고 생각한다.

실기시험은 작업형이라 독학보다는 학원을 통해 준비하는 사람들이 많은 편이다. 나는 학원에 다닐 시간이 없어서 실기도 인터넷 강의를 보면서 준비했었다. 하지만 실기를 독학으로 준비하려면 작업 재료와 공구를 모두 구매해야 할 뿐만 아니라 연습할 때 본인의 실수를 인지하지 못한 채 틀린 방법을 계속 되풀이할 수도 있다. 이런 현실적인 어려움 때문에 대부분 사람이 독학이 아니라 학원을 선택하는 것이다.

선택의 폭이 넓어도 고민이다

전기기능사 자격증을 취득한 뒤에 이 자격증을 어느 곳에서 어떻게 활용할 수 있는지 알아보자. 앞서 말했듯이 채용 사이트에서 전기기능사라고 검색하면 상당히 많은 채용 공고가 나온다. 그 내용을 살펴보면 전기공사 업체, 아파트 관리사무소 또는 주택관리 업체, 한국전력공사의 외주업체, 전기안전관리 업체, 소방 설비 시공 및 유지보수 업체, 승강기 유지보수 업체 등 전기관련 업종 대부분이 전기기능사를 필요로 한다는 것을 알 수 있다.

전기 자격증을 취득한 뒤 현업에 뛰어들어 처음 일을 시작할 때 어떤 분야를 선택해야 할지 막막할 것이다. 나 역시 전기 자격증이 있지만 직접 실무를 해보지 않았기 때문에 현장에 대해 잘 모르고 실무에 대한 두

려움이 있는 것 또한 사실이다.

그런데 다행스럽게도 인터넷에서 훌륭한 정보의 보물창고를 하나 발견했다. 네이버에 '전기박사'라는 카페가 있는데 10년 연속 최상위 베스트 카페로 선정됐을 만큼 활성화가 잘된 곳이다. 이 카페는 내가 전기 공부를 시작할 때 우연히 알게 되어 다양한 공부 자료와 시험 정보를 얻은 곳이다. 지금은 현직 기술자들이 올린 글을 읽으면서 전기 업계의 동향을 살피는 곳이기도 하다. 매일 수많은 글이 끊임없이 올라오기 때문에 이곳에 들어가면 생생한 현장의 소리를 들을 수 있다.

"전기 자격증을 취득했는데 이제부터 어떤 분야에서 일을 시작하면 좋을까요?" 이런 질문은 '전기박사' 카페에 상당히 자주 올라오는 단골 질문이다. 이런 질문에는 현직 기술자들이 다양한 답변을 달아주는데 그들의 경험에서 우러나온 실질적인 조언이 많은 도움이 된다. 가장 대표적인 질문과 답변을 요약하면 다음과 같다.

1) 시설 관리는 기술도 못 배우고 시간 낭비다. 그러나 몸이 편해서 여기만 한 곳이 없다.

2) 공사 현장은 위험하고 일이 힘들다. 그러나 기술 배우기엔 현장이 최고다.

3) 회사 공무는 화장실 변기까지 뚫는 잡부다. 그러나 자기계발을 더 해서 중견기업 이상으로 이직하면 괜찮다.

4) 40대에 전직을 하기에는 리스크와 기회비용이 너무 크다. 하지만 40대가 기술을 배워서 전직할 수 있는 마지막 기회다.

위 답변들을 조금 더 자세히 살펴보겠다.

첫 번째는 시설관리 분야에 관한 의견이다. 시설관리직은 대부분 용역 업체 계약직이고 주야 교대근무를 하는 경우가 많다. 이쪽 분야는 업무 강도가 낮고 급여도 낮기 때문에 업체에서는 경력직보다 신입을 더 선호한다. 몸이 편한 것은 사실이지만 급여가 200만 원 초중반이라고 한다.

업무 특성상 대단한 기술력을 요하는 것이 아니므로 전기기능사 정도만 있어도 된다. 이 말은 일을 오래 하더라도 기술력이 크게 향상되지 않는다는 뜻이기도 하다. 업무 강도가 낮고 교대근무를 하다 보니 마음만 먹으면 공부도 가능하다. 그래서 일과 공부를 병행하려는 사람들이 시설관리직을 선택하기도 한다.

시설관리직은 대부분 전기 관련 업무보다 잡일이 더 많다. 전기 작업은 간단한 것들만 직접 하고 난이도 있는 작업은 외부 업체를 불러서 해결한다. 그러다 보니 다른 전기 분야 사람들은 시설관리를 맡겨도 잘하는데 시설관리만 하던 사람들은 다른 일을 시키면 적응을 잘 못하는 경향이 있다. 그래서 시설관리 분야의 경력은 타 분야에서 거의 인정을 안 해준다.

시설관리 분야에서 일하고 싶으면 처음부터 눈높이를 높여서 규모가 큰 곳에 지원하는 것이 좋다. 이쪽 분야는 처음 받는 연봉이나 10년 차에 받는 연봉이나 큰 차이가 없을 정도로 급여 상승률이 낮기 때문이다. 옛 말에 머슴을 살아도 대감댁 머슴이 낫다고 하지 않는가.

두 번째는 현장직에 관한 의견이다. 현장직은 외선공과 내선공을 통칭한다. 외선공은 외선팀이라고도 하며 한전 협력업체에 소속되어 전력 송배전 설비를 시공 및 유지보수하는 일을 한다. 외선팀은 일도 빨리 배울 수 있고 급여 상승률도 높은 편이다. 돈이 목적이라면 외선팀에 가는 것이 좋지만 그만큼 일이 힘들다는 점을 각오해야 한다. 게다가 특고압 설비를 만지다 보니 위험하기도 하다. 돈을 비교적 많이 버는 장점이 있는 대신 나이를 먹으면 체력적 한계에 부딪쳐 일하기가 점점 어려워진다고 한다.

내선공은 건설현장에서 일하며 건물 내 수변전 설비와 구내 배선 작업을 주로 수행한다. 다양한 현장 경험을 통해 여러 가지 기술을 배울 수 있으며 경력과 기술력에 따라 연봉 차이가 크다. 한편 고된 육체노동을 기본으로 해야 하며 다소 위험한 환경에서도 작업이 진행된다. 현장이 험하다 보니 이쪽 사람들 중에는 성격이 거친 사람이 많은 편이다.

어떤 사람은 내선공으로 돈을 제법 많이 벌었지만 몸이 고되고 소위 거지 같은 작업 환경에 진절머리가 나서 공공기관 전기직으로 이직했다고 한다. 연봉이 15% 정도 줄었지만 근무 환경이 훨씬 좋아져서 비로소 사람 사는 것 같다며 만족감을 드러냈다.

다음은 공사 사무직, 즉 공무에 대한 의견이다. 초보자가 공사 업체에 공무로 취업하기는 쉽지 않다. 지원자가 자격증이 있다고 해도 공무직에 초보자를 뽑는 경우는 거의 없다.

공무는 견적, 설계, 설계 변경, 공사서류 작성, 안전관리 등이 주요 업무이기 때문에 현장에 대해 전반적으로 잘 아는 사람이 맡는 것이 좋다. 뿐만 아니라 문서를 다루는 업무인 만큼 기본적으로 컴퓨터도 잘해야 하므로 공무는 현장직과 달리 특수성이 있는 직무다. 그래서 대부분 초보자보다는 경력자를 원하며 그나마도 같은 업계 사람들끼리 소개를 통해 인적 교류가 이루어지는 경우가 많다.

공무는 몸 쓰는 일이 거의 없어서 육체적으로는 힘들지 않지만 서류 업무가 많기 때문에 정신적인 스트레스가 쌓이며 야근을 자주 해야 하는 특징이 있다. 연봉은 현장직에 비해 상대적으로 낮은 편이다.

마지막은 40대에 전기 분야로 직종을 바꾸는 것에 대한 의견이다. 기존에 가지고 있던 10여 년 이상의 경력을 포기하고 새로운 분야에 신입으로 들어가면 급여가 줄어드는 것이 당연하다. 현재의 안정과 앞으로의 장래성 중 어떤 것을 선택할 것인지는 의견이 분분하다. 지금 다니고 있는 직장의 규모나 연봉이 사람마다 다르고 자신의 능력과 잠재력이 어느 정도인지도 판단하기 어렵기 때문에 이직을 해라 마라 함부로 단정해서 말하기는 어려운 것 같다.

정리해 보면, 전기 분야로 전직을 고려할 때는 먼저 시설 관리직, 현장직, 공무 중에서 어느 직군으로 갈 것인지 정해야 한다. 돈과 기술 습득에 더 비중을 둔다면 현장직을 추천하고 편안한 근무 여건과 워라밸을 원한다면 시설관리직을 추천한다. 공무는 신입이 넘보기는 힘든 자리다. 현장 경험을 어느 정도 쌓고 추가적인 능력을 배양한 뒤 공무로 직무를 변경하는 것이 일반적이다.

나의 작은아버지는 개인사업자로 음료 유통업을 꽤 오랫동안 해왔다. 그러나 업황이 좋지 않아지면서 일을 그만두고 60대에 접어들어 전기기능사 공부를 시작했다. 남들은 은퇴를 준비할 나이에 포기하지 않고 끝까지 도전하여 결국 1년 만에 전기기능사 자격증 취득에 성공했다. 덕분에 곧바로 아파트 관리사무소에 취직할 수 있었다. 작은아버지는 현재 70세가 되셨음에도 여전히 관리사무소 직원으로 일하고 계신다.

학원 홈페이지나 인터넷 카페에서 합격수기를 읽어보면 작은아버지와 비슷한 사례를 심심찮게 볼 수 있다. 이런 분들도 하시는데 40대인 우리는 더 열심히 하고 잘해야 하지 않겠는가?

전기기능사를 따놓고 이 자격증을 쓰든 안 쓰든 그 건 나중에 본인이 상황에 따라 결정해도 된다. 다만 자격증을 취득하는데 들어가는 시간과 노력에 비해 효용성이 크기 때문에 지금 당장 뚜렷한 방향을 정하지 못했다면 일단 전기기능사 자격증을 따놓으라고 적극 권장하는 것이다.

아파트 관리사무소 아저씨는 소방안전관리자

그들은 어디에나 있다. 아니, 있어야 한다

몇 달 전부터 우리 집 욕실 수전에 문제가 생겼다. 세월이 흘러 수전이 노후화되면서 물이 새지 말아야 할 곳으로 물이 새고 있었다. 나는 집에 뭐가 고장 나면 웬만한 건 직접 수리했었기 때문에 수전 교체작업도 직접 하려고 했다.

인터넷으로 부품을 구입하고 쉬는 날 낮에 작업에 들어갔다. 물론 대충 봐도 어떻게 작업할지 방법을 알 수 있었지만 유튜브에서 수전교체 영상을 보고 한 번 더 작업 방법을 확인했다. 본격적으로 작업에 들어가기에 앞서 세대 양수기함에서 우리 집 수도를 잠가야 했다. 그런데 앞집 수도계량기가 우리 집 수도 밸브와 바짝 붙어 있는 바람에 수도를 잠그기 어려웠다. 몇 분을 낑낑대다가 결국 아파트 관리사무실 기사님을 불렀다.

엘리베이터에서 가끔씩 눈인사를 나눴던 기사님이 오셨다. 문제는 예상대로 앞 집 수도계량기를 교체하면서 너무 큰 것을 달아서 우리 집 수도 밸브에 닿게 됐다는 것이었다. 그래서 기사님과 함께 수도계량기를 힘으로 밀면서 우리 집 수도를 잠갔다. 그리고 기사님이 오신 김에 욕실 수전까지 손수 다 교체해주셨다. 역시 전문가답게 빠르고 꼼꼼하게 작업을 마쳤다.

작업 후 기사님이 집 안의 화재감지기와 소화기를 쓱 보더니 이상이 없는 것 같다고 하면서 화재감지기의 종류와 기능에 대해 설명해주었다. 그 기사님이 우리 아파트의 소방안전관리자라고 했다. 나는 소방안전관리자의 일이 낯설지 않다. 우리 팀 직원 중에도 소방안전관리자가 있다. 그 직원은 회사에서 유일하게 소방안전관리자 자격증이 있기 때문에 사옥마다 의무선임을 하게 되어 있는 소방안전관리자를 겸직하고 있는 것이다. 사실 소방안전관리자는 우리가 드나드는 웬만큼 큰 건물에는 한 명씩 다 선임되어 있다. 그것이 법이기 때문이다.

전기, 소방, 가스, 건설, 기계, 제조, 승강기 등 사람이 죽거나 다칠 수 있는 모든 분야에는 안전관리자가 필요하다. 특히 2022년부터 중대재해처벌법이 시행되는 등 안전에 대한 사회적인 요구 수준이 높아지면서 안전관리 및 방재 업무가 더욱 중요해졌다.

건물에 거주하는 사람들을 대상으로 소방 훈련과 교육을 실시하고 소방 설비 등을 관리하는 사람이 바로 소방안전관리자다. 소방안전관리자 제도에 따라 소방안전관리 대상물의 소유자·관리자 또는 점유자는 소방안전관리 업무를 수행하기 위하여 소방안전관리자를 30일 이내에 선임하고, 선임일로부터 14일 이내에 소방서에 신고해야 한다.

소방안전관리자는 통상 관리사무소, 유지관리업체, 소방안전관리 대행업체 등에 소속되어 본인이 선임된 건물에 대한 소방안전관리 업무를 수행한다. 소방안전관리자의 법적 책무는 '화재예방 소방시설 설치·유지 및 안전관리에 관한 법률'에 규정되어 있다. 주요 내용으로는 소방계획서의 작성 및 시행, 자위소방대 및 초기대응체계의 구성·운영·교육,

피난시설 및 방화시설의 유지·관리, 소방훈련 및 교육, 그 밖의 소방 관련 시설의 유지·관리, 화기 취급의 감독 등이 있다.

업무가 복잡한 듯 보이지만 사무적인 일이 많고 주기적으로 반복되는 업무 특성상 소방안전관리자 자체의 업무 강도는 높지 않은 편이다. 그러다 보니 실제 현장에서는 소방안전관리자가 자기 본연의 업무만 하기보다는 다른 일까지 병행하는 경우가 대부분이다.

소방안전관리자가 되려면

소방안전관리자는 관리를 맡은 건물, 즉 소방안전관리 대상물의 규모에 따라 특급, 1급, 2급, 3급으로 구분된다. 1급 건물은 큰 빌딩 느낌이 드는 곳, 일반적인 개인 소유의 건물보다는 좀 더 큰 쇼핑몰이나 병원건물 같은 곳들이 주로 해당된다. 그보다 크면 특급, 그보다 작으면 2급이라고 보고, 3급은 소규모 건축물이라고 생각하면 쉽다. 대상물에 대한 면적 및 높이에 대한 기준은 앞서 말한 법에 자세히 명시되어 있다.

소방안전관리자 3급 자격증은 취득이 쉬운 만큼 진입장벽이 낮고 현장에서도 가치를 별로 인정하지 않기 때문에 이왕이면 특급부터 2급까지 중에서 취득하는 것이 좋다. 그런데 2급 자격증 역시 취득 난이도가 그렇게 높은 편이 아니라서 관리사무소의 일반직 직원이 취득하거나 개인 건물의 경우에는 건물주 또는 건물주 가족이 취득하여 소방안전관리자를 자체 선임하는 사례가 많이 있다. 따라서 선임될 수 있는 대상물의 범위를 넓히고 전문가로서의 지위를 확보하기 위해서는 특급이나 1급을 취득하는 것이 훨씬 유리하다.

소방안전관리자 자격증 취득 방법에 대해 살펴보면 다음과 같다.

첫 번째는 한국소방안전원에서 실시하는 강습교육을 받고 교육 마지막 날 치르는 시험에 합격하는 것이다. 교육 시간이 2023년 7월부로 대폭 증가했는데 1급의 경우 하루 8시간씩 10일간 총 80시간을, 2급은 5일간 총 40시간을 수강하도록 하고 있다. 특급은 1급보다 2배 많은 160시간을 수강해야 한다.

교육비는 특급은 96만 원, 1급은 48만 원, 2급은 24만 원으로서 다소 부담스러운 금액이다. 그나마 다행인 것은 시험에 불합격하더라도 재시험을 위해 교육을 다시 받을 필요가 없다는 것이다. 교육을 한 번만 이수하면 합격할 때까지 시험을 계속 다시 볼 수 있다.

소방안전관리자 1급 취득을 위한 두 번째 방법은 소방설비기사 또는 소방설비산업기사 자격증을 먼저 취득하는 것이다. 이 두 자격증 중 하나가 있으면 소방안전관리자 1급 강습교육 및 시험이 면제되고 그 즉시 소방안전관리자 1급 선임자격을 갖추게 된다.

그리고 소방설비기사 취득 후 5년간, 또는 소방설비산업기사 취득 후 7년간 1급 소방안전관리자로서 경력을 쌓을 경우 특급으로 선임등급이 상향된다. 따라서 소방설비 자격증을 준비하는 사람은 굳이 소방안전관리자 교육을 따로 받을 필요가 없다.

아직도 느슨한 현장이 많다

소방안전관리자는 결코 만만한 직업이 아니다. 소방안전관리자로서의 업무를 소홀히 하여 관리 대상물에 화재가 발생했을 때는 본인이 직접 법적 책임을 져야 한다. 하지만 자신의 업무를 충실히 이행했음에도 불구하고 불가항력적인 사유로 화재가 발생했다면 당연히 책임질 필요가 없다.

현장에서는 전기안전관리자가 소방안전관리자를 겸직하게 해놓고 실제 업무는 다른 사람이 하거나 서류상으로만 소방관리 업무를 수행한 것처럼 꾸며놓는 경우가 종종 있다. 이런 일이 불법은 아니지만 이런 경우에도 화재가 발생하면 법적 책임은 소방안전관리자로 선임되어 있는 사람이 져야 한다. 그러므로 본인이 겸직 요건이 된다 해도 직접 소방안전관리자 업무를 수행할 것이 아니라면 형식상으로만 선임계에 이름을 올리는 일은 피해야 한다.

일부 시설관리 업체에서는 소방안전관리자 선임 의무 때문에 선임 자격이 있는 사람을 채용해놓고 실제로는 다른 업무를 맡기는 사례도 있다. 법적으로 문제가 되지 않도록 선임은 하되 실질적인 업무는 이루어지지 않는 아주 위험한 경우다.

법이 강화되면서 소방안전관리자의 수요가 증가하고 있는 것은 사실이지만 여러 가지 형식적인 부분이나 편법, 특례로 인해 2급 이하 소방안전관리자는 자격증 하나만으로 경쟁력을 갖기 어려운 것이 현실이다. 취업을 목표로 한다면 최소한 1급 또는 특급을 취득하거나 가능하면 소방설비기사 까지 취득하기를 권장한다.

소방설비기사 자격증이 있으면 소방안전관리자 1급 자격증만 있는 것보다 취업 시 선택의 폭이 넓다. 소방안전관리자가 필요한 시설관리 부문뿐만 아니라 소방설비기사를 필요로 하는 시공, 감리 부문에도 지원할 수 있기 때문이다. 본인의 현재 상황, 공부할 수 있는 환경, 응시자격 등을 고려하여 본인에게 가장 유리한 자격증에 도전하기 바란다.

5

글로벌 리더들이
밀어주는 산업,
태양광 발전

태양광에 주목할 수밖에 없는 이유

2020년 말 미국 대통령 선거에서 조 바이든 후보가 내세운 경제 부문 공약의 핵심은 '그린 뉴딜(Green New Deal)'이었다. 이 공약은 크게 8가지 세부 공약으로 나뉘는데 그중 하나가 청정에너지 인프라 구축에 4년간 2조 달러를 투자하겠다는 계획이었고, 바이든 후보는 당선 후 다시 한번 이 정책의 추진 의지를 천명했다. 미국 정부는 향후 10년 동안 미국이 태양광 인프라에 대한 정책을 주도하면 미국 내 자체 수요와 더불어 에너지 소비량이 많은 중국과 인도가 전 세계 수요를 함께 견인할 것으로 내다봤다.

유럽 역시 발전 산업에서 재생에너지원의 비중이 계속 증가할 것으로 전망했다. 또한 지난 십수 년간 막대한 보조금과 세제 혜택으로 세계 태양광 시장을 잠식해 가고 있던 중국도 태양광 산업의 주도권 경쟁을 의식한 듯 더 적극적인 지원에 나서고 있는 상황이다.

2022년 대한민국 대통령 선거에서는 후보자 간 정책 대결 과정에서 '넷-제로(Net-Zero)'라는 용어가 등장했다. 넷-제로와 같은 뜻으로 '탄소중립'이라는 용어를 쓰기도 한다. 탄소중립은 개인, 회사, 단체 등에서 배출한 이산화탄소를 다시 흡수해 실질적인 배출량을 0(Zero)으로 만드는 것을 말한다. 즉, 배출되는 이산화탄소와 흡수되는 이산화탄소의 양을 같게 하여 '순배출이 0'이 된다는 의미다. '순배출 0'을 달성하기 위해 배출한 이산화탄소의 양을 계산하고 배출한 양만큼 나무를 심거나 풍력발전, 태양광발전과 같은 청정에너지 분야에 투자해 오염을 상쇄한다는 개념이다.

2023년 1월, 유럽연합(EU) 집행위원회는 '그린 딜(Green Deal)' 산업 계획을 발표했다. 이는 탄소중립 산업의 경쟁력 강화와 기후위기 극복을 위한 빠른 전환과 지원을 목표로 하고 있다. 풍력터빈, 태양광 패널, 전기차용 배터리 제조 등 필수 산업 기술을 고도화하는 것이 주요 계획이다.

세계 경제를 이끌어가는 미국, 유럽, 중국과 더불어 우리나라까지 그린 에너지의 중요성을 강조하고 있는 만큼 이 산업의 성장은 이미 정해진 미래라고 해도 과언이 아니다. 기후 변화 위기를 극복하기 위해 화석 연료를 깨끗한 에너지로 대체하려는 시도가 전 세계적으로 진행되는 가운데 태양광 발전 산업이 신재생에너지 분야의 한 축을 이룬다는 점에 주목할 필요가 있다.

태양광 발전은 반도체의 일종인 태양전지판이 햇빛을 받아 전기를 만들어내는 광전효과를 이용한 발전 방식이다. 이는 태양광을 이용해 발전한 직류 전기를 인버터에 공급하여 사용이 가능한 교류 전기로 변환하는 구조를 가지고 있다.

태양광 발전은 일조량이 클수록 발전량이 증가하기 때문에 사막이나 일조 시간이 긴 적도 지역에 적합하다. 그러나 온도가 너무 높으면 발전 효율이 저하되는 특징이 있어 뜨거운 여름철이 봄이나 가을보다 일조량이 많음에도 불구하고 발전 효율이 더 낮다. 이런 문제를 해결하기 위해 태양광 패널에 냉각수를 분사하여 열을 식히거나 온도가 낮은 수상에 발전 시설을 설치하는 등의 연구가 진행되고 있다.

태양광 발전의 가장 큰 장점은 자연 그대로의 빛을 이용하기 때문에 환경을 오염시키지 않는다는 것이다. 또한 지역, 마을, 주택 단위로 규모에 맞게 발전 시설을 구축하여 필요한 양의 전기를 생산해 사용할 수 있다는 것도 장점이라고 할 수 있다.

태양광 발전 시설의 수명은 25~30년 정도로서 일반적인 발전소 못지않게 길다는 것도 장점이다. 발전 개시 후 25년 정도 지나면 효율이 초기의 80~85%로 낮아지기 때문에 이 시점을 수명연한으로 보는 것이지만, 적절한 유지보수가 수반된다면 최대 40년까지도 운영할 수 있다.

세상에 완벽한 기술이 없듯이 태양광 발전 기술도 여러 가지 단점을 가지고 있다. 태양광 발전 설비를 구축하기 위해서는 넓은 설치 면적이 필요한데 공사 과정에서 산림 등 주변 자연환경이 훼손되는 문제가 발생한다. 게다가 태양광 패널이 설치되는 곳은 아래쪽에 햇빛이 차단되어 식물이 잘 자라지 못하게 되고 이로 인해 지반이 약해지면서 토양이 유실될 가능성이 높아진다.

또한 앞서 언급한 바와 같이 발전량이 일조 시간이나 외부 온도에 영향을 받다 보니 발전효율이 일정하지 않은 단점이 있다. 이런 문제는 태양전지판, 인버터, 전력 저장장치 등 발전설비의 성능을 높이고 운영 및 유지관리 기술을 발전시킴으로써 개선할 수 있을 것이다.

앞으로 해야 할 일들

국내 태양광 산업은 지난 수십 년간 빠르게 성장해 왔고 그와 함께 전국적으로 수많은 태양광발전 단지가 건설되었다. 하지만 태양광발전 단지 건설에만 집중적인 투자가 진행된 나머지 제대로 된 O&M이 이루어지지 않고 있다. O&M은 운전 및 유지보수를 뜻하는 'Operation & Maintenance'의 약자로서 통상적인 관리 차원을 넘어 모니터링과 고장 진단, 점검, 개보수, 시스템 업그레이드 등을 포함하는 종합적인 관리를 의미한다.

일반적으로 태양광발전소는 해마다 1%씩 발전효율이 저하된다고 알려져 있다. 그러나 O&M을 등한시한다면 더욱 큰 폭의 효율 저하를 불러올 수 있기 때문에 최근 들어 국내 태양광 업체들 사이에서 O&M에 대한 중요성이 부각되고 있다.

태양광 O&M은 성장 가능성이 높은 산업으로 일자리 창출에도 기여

할 것으로 예상된다. 그러나 태양광 산업이 다른 인프라 산업에 비해 역사가 짧은 만큼 전문인력 양성 체계가 미흡한 상황이다. 그러다 보니 양적으로 크게 증가한 태양광발전 단지를 관리할 전문 인력의 수는 턱없이 부족한 것이 현실이다.

현재 태양광 발전 기술을 가르치는 곳은 대학교, 공공 교육기관, 민간 사업체로 구분할 수 있다. 이미 몇 년 전부터 여러 대학에서 태양광 발전 학과가 신설되어 전공자를 배출하기 시작했다. 공공 교육기관으로는 대한상공회의소 산하의 인력개발원, 각 지역의 직업훈련원, 새만금신재생에너지산업 전문인력양성센터 등이 있다.

태양광발전소를 운영할 때는 다양한 원인에 의한 문제들이 복합적으로 발생하기 때문에 이론적 지식만으로는 대응에 한계가 있을 수밖에 없다. 따라서 이런 교육기관들은 현장에서 필요한 실무 지식과 대응능력, 그리고 경험을 축적할 수 있도록 태양광 발전 설비의 시공 및 운영을 중심으로 교육을 진행하고 있다.

태양광 발전 기술을 가르치는 사설 업체로는 학원이 대표적이다. 학원은 대부분 자격증 취득이라는 분명한 목적을 가지고 있다 보니 이론 중심의 강의식 교육이 주로 이루어진다. 취업을 위해서는 자격증도 중요하다. 회사가 직원을 뽑을 때 자격증으로 지원자의 수준을 판단할 것이기 때문이다.

태양광 발전 분야에 유용한 자격증은 일반적으로 전기 관련 기사, 산업기사, 기능사가 있으며 최근에 주목 받고 있는 자격증으로 신재생에너지발전설비기사 및 산업기사가 있다. 사실 태양광 발전 기술은 전기, 전자, 기계, 토목, 건축 분야의 기술이 조금씩 섞여 있기 때문에 태양광 발전 분야에 딱 들어맞는 전문 자격증을 한 가지로 설명하기가 쉽지 않다.

결국 관건은 어떤 방식으로 태양광 발전 기술을 습득할 것이냐. 직장인의 경우 대학이나 직업훈련원에 다닐 수 없다 보니 자격증을 취득하는 것이 가장 현실적인 방법인 것 같다. 전문적으로 기술을 배우기 전에 기초적인 내용은 독학으로 공부하는 것도 좋다. 위에서 언급했던 방법들 외에 현업 기술자들의 인터넷 커뮤니티, 블로그, 유튜브, 관련 논문, 업체들의 홍보자료, 조달청 홈페이지에 올라온 입찰 및 사업 자료 등 공부할 수단은 얼마든지 있다.

아니면 여름휴가 기간에 일주일 정도 시간을 투자해서 공공 교육기관에서 진행하는 재직자 과정, 즉 기본 교육을 받아 보는 것도 좋은 방법이다.

문득 인터넷에서 봤던 어떤 기사 내용이 생각난다. 여러 가지 직업 중

만족도가 가장 높은 직업은 돈을 많이 버는 직업이 아니라 공공의 이익을 위해 공헌하는 직업이라고 한다. 태양광 산업은 탄소중립과 미래 세대의 생존을 위한 필수적인 산업이다. 이 산업에 종사하는 사람들은 자신도 모르게 이미 사회에 공익적인 기여를 하고 있는 것이나 다름없다. 이런 면에서 보면 태양광 발전 기술자는 딱딱한 엔지니어가 아니라 따뜻한 휴머니스트인지도 모른다.

우리의 인생 후반부에는 태양광 산업 같은 공익적인 영역에서 따뜻한 휴머니스트로서 일을 해보면 어떨까? 그렇다면 인생이 더 의미 있고 보람되지 않을까 하는 생각을 해본다.

6

생각보다
깔끔한 직업,
통신 네트워크 엔지니어

통신망이 없으면 존재할 수 없는 세상

언제부터인가 미래 세상에 대한 이야기를 할 때 빠지지 않고 등장하는 단어들이 있다. 인공지능(AI), 블록체인(Block Chain), 클라우드(Cloud), 빅데이터(Big Data)가 그것들이다. 이 4가지를 줄여서 간단히 A-B-C-D라고 부르기도 한다. 그리고 사물인터넷(IoT), 증강현실(AR), 가상현실(VR) 같은 기술도 미래를 전망할 때 어김없이 언급되는 단어들이다.

인공지능이란 인간이 가지고 있는 지적 능력을 컴퓨터에서 구현할 수 있도록 하는 기술이나 컴퓨터 시스템을 말한다. 특히 초거대 인공지능의 경우 방대한 데이터 학습을 통해 인간과 같은 종합적 추론이 가능하게 되었으며 학습 및 판단 능력이 인간보다 훨씬 뛰어나다는 평가를 받고 있다.

블록체인 기술은 분산 컴퓨팅 기술 기반의 데이터 위변조 방지 기술이다. 데이터를 블록에 담아 이를 체인 형태로 연결된 수많은 컴퓨터에 동시에 복제 및 분산 저장함으로써 위조와 변조가 불가능하게 만드는 것이다.

클라우드는 서버, 스토리지, 소프트웨어 같은 IT 자원을 사용자가 직접 소유하지 않은 채 인터넷을 통해 필요한 만큼만 제공받아 탄력적으로 활용할 수 있도록 하는 컴퓨팅 인프라다. 기업 입장에서는 IT 자원을 구입하고 유지 관리할 필요가 없으므로 경제성과 효율성 측면에서 유리한 선택이 된다.

빅데이터 기술은 방대한 데이터를 단순히 분류하고 분석하는 것을 넘어 데이터 속에 담긴 패턴이나 의사결정에 도움이 되는 신호를 찾아내는 기술을 말한다. 비정형화된 전체 데이터를 모아 놓고 빅데이터 기술로 재가공을 하면 대단히 가치 있는 정보를 추출해 낼 수 있다.

사물인터넷은 생활 속에서 주변 사물들을 유무선 네트워크로 연결해 정보를 공유하거나 제어하는 기술을 말한다. 이 기술은 인공지능, 빅데이터 기술과 더불어 제4차 산업혁명 시대의 핵심 IT 인프라로 영역을 확장하고 있다.

증강현실이란 컴퓨터에서 형성된 디지털 이미지를 실시간으로 현실세계와 결합해 보여주는 기술이며, 가상현실은 그래픽이나 시각적 효과를 이용해 인간이 실제와는 다른 세계, 즉 가상의 세계에 있는 것처럼 느끼게 하는 기술이다.

지금까지 설명한 A-B-C-D와 사물인터넷, 증강현실 및 가상현실 기술에는 중요한 공통점이 있다. 그것은 바로 소프트웨어와 고성능 하드웨어, 그리고 안정적인 초고속 통신망의 조합으로 운영된다는 것이다. 이 조합을 이루는 3가지 중 어느 하나라도 제대로 갖춰지지 않는다면 앞서 언급한 기술을 구현할 수 없게 된다.

애플, 마이크로소프트, 알파벳(Google), 메타(Facebook), 아마존, 엔비디아 등 세계적인 빅테크 기업들이 소프트웨어 부문과 하드웨어 부문으로 역할을 나누어 첨단 IT 기술을 경쟁적으로 개발하고 있다. 그러나 이들이 개발하는 기술보다 한 세대 정도 일찍 발전을 시작하여 이미 고도

화된 인프라를 갖춘 통신 부문에 대해서는 상대적으로 덜 주목하고 있다.

통신망, 즉 통신 네트워크를 세상의 혈관이라고 한다. 각종 정보와 지식, 영상, 음악 등 수 많은 데이터가 통신망이라는 혈관을 타고 전 세계를 이동하기 때문이다. 이제는 누구도 통신망이 공공의 인프라임을 부정하지 못할 것이다. 국가와 기업의 운영은 물론 개인들의 삶까지 통신 인프라에 절대적으로 의존하고 있으며 통신망이 붕괴되는 순간 사회가 혼란에 빠질 것은 불 보듯 뻔하다.

미래 사회에는 통신망의 중요성이 더 커지고 통신에 대한 의존도 역시 매우 높아질 것이 분명하다. 이런 점에서 통신 네트워크 엔지니어의 전망은 밝을 것으로 예상된다.

초고속 통신망을 위한 모두의 노력

통신망은 유선 통신망과 무선 통신망으로 나누어진다. 둘은 각각의 장단점을 가지면서 상호 보완적인 관계에 있다. 그러나 대용량 데이터의 장거리 전송에는 유선 통신망이 훨씬 효과적일 뿐만 아니라 무선 통신망의 근간 역시 유선 통신망이라는 점에서 유선 통신망을 위주로 이야기를 이어가도록 하겠다.

통신망은 구조적으로 분배센터, 외부 통신망, 구내 통신망, 단말 장치로 구성되어 있다. 분배센터는 라우터, 스위치 같은 대형 통신 장비들이 설치된 통신 네트워크의 거점이다. 이런 거점으로부터 간선 케이블이 뻗어 나오는데 구내 통신망에 접속되기 이전까지의 케이블과 외부에 설치된 통신 장비들을 외부 통신망이라고 한다.

구내 통신망은 건물 내부 또는 아파트 단지 내 통신망을 의미한다. 단말 장치는 통신망의 가장 끝 지점에 설치되는 장비로서 컴퓨터 같은 사용자 측 기기와 연결된다. 집 안에 설치되어 있는 모뎀이라고 하는 장비가 가장 흔한 예다.

외부 통신망을 구축하고 운영하는 일은 통신망 사업자가 담당한다. 우리나라의 경우 정보통신 강국답게 외부 통신망 인프라는 이미 대부분 광케이블로 구축되어 있기 때문에 더 이상의 증설보다는 유지보수와 장애 처리 정도만 진행되고 있다. 따라서 관련 기술자에 대한 수요가 크게 증가하지도 감소하지도 않고 있다.

그러나 구내 통신망은 상황이 다르다. 2023년부터 신축 건물에 광케이블 구축이 의무화됐는데 이것은 시작에 불과하다고 생각한다. 나중에는 구축 건물에서도 광케이블을 필요로 하게 될 것이기 때문이다. 광케이블은 이론상 무제한에 가까운 대역폭을 가지고 있어 초고속 통신망 케이블로서 가장 유용하지만 가격이 비싸고 접속 작업이 까다롭다 보니 그동안 구내 통신망에서는 제한적으로 사용돼 왔다. 그래서 통신망 사업자가 제공하는 인터넷 속도와 건물 내에 수용되는 인터넷 속도가 다른 경우가 많았다. 하지만 앞으로는 노후화된 건물을 리모델링하듯 구축 건물의 구식 통신망을 광케이블로 업그레이드하려는 수요가 증가할 것으로 예상된다.

통신 네트워크 엔지니어의 업무는 통신망의 구조에 따라 크게 3가지 영역으로 나누어진다. 분배센터에서 통신 장비를 관리하고 운영하는 영역과 외부 통신망을 구축하고 유지보수 하는 영역, 그리고 구내 통신망에서 구내 케이블 및 단말 장치를 설치하는 영역이 그것이다.

분배센터를 관리하고 운영하는 일은 높은 전문성이 요구될 뿐만 아니라 분배센터 자체가 중요한 보안 시설이기 때문에 일반적인 통신 업체들이 관여하기는 힘들다. 그래서 대부분 통신망 사업자 자체 인력과 일부 외주 업체들이 관리하고 있다.

외부 통신망은 통신망 사업자가 구축과 운영을 담당하고 있지만 실제 현장 작업은 자회사 또는 용역을 수주한 협력업체에 의해 이루어지고 있다. 네트워크 엔지니어 중 상당수가 바로 이런 통신망 사업자의 자회사 또는 협력업체에 소속되어 있다.

외부 통신망 영역은 다시 통신 장비를 다루는 직무와 외부 선로인 케이블을 다루는 직무로 나누어진다. 간단하게 현장에서 지칭하는 용어로 바꿔 말하자면 장비를 다루는 사람을 네트워크 담당자라고 하고 케이블을 다루는 사람들을 외선공 또는 외선팀이라고 한다.

네트워크 담당자는 주로 통신 장비를 설치하거나 점검하는 작업을 수행한다. 통신 장비가 대체로 제한구역 내에 설치되다 보니 일할 때 남을 신경 쓰지 않아도 되고 비를 맞는 경우도 거의 없다. 또한 노트북 한 대와 간단한 측정 장비 정도만 있으면 되기 때문에 몸도 가볍고 땀 흘릴 일도 별로 없는 비교적 깔끔한 직무라고 할 수 있다.

외선팀은 필드에서 도면을 보고 통신망의 구조를 파악한 뒤 케이블을 포설하거나 유지보수하는 일을 한다. 통신망 케이블은 전신주 및 통신주를 이용하여 가공으로 포설하거나 지하에 매설된 관로 또는 통신구를 따라 포설하기 때문에 작업환경이 대부분 외부에 노출되어 있다.

구내 통신망 공사의 경우 작업을 수행하는 사람을 간단하게 내선공이라고 부른다. 이들은 사무실이나 회의실, 병원, 학원, 물류창고, 교회, 일반 빌딩 등에서 인터넷을 이용할 수 있도록 네트워크 케이블 및 장비를 설치하는 작업을 한다.

고질적인 인력난, 지금이 기회다

네트워크 담당자에게 기본이 되는 자격증은 CCNA(Cisco Certified Network Associate)다. CCNA는 국제 통신장비 업체 시스코의 기술공인 프로그램으로서 네트워크의 설치 및 운영 능력을 공인하는 자격증이다. 이 시험은 네트워크의 전반적인 구조나 구성 요소에 관한 내용을 다루며 개념 위주의 문제를 통해 소형 네트워크의 설치와 구성 및 운영 능력을 평가한다. 그래서 네트워크에 대한 기본적인 지식을 공부하기 좋은 자격증으로 평가된다. CCNA의 상위 자격증으로는 CCNP(Cisco Certified Network Professional)가 있다.

네트워크 담당자의 일과 달리 외선공이 하는 일은 독학은커녕 학원을 통해서조차 기술을 배우기가 쉽지 않은 것이 현실이다. 시중에 실무를 다룬 책이 거의 없을 뿐만 아니라 학원에 가도 현장과 비슷한 실습 환경과 장비를 갖춘 곳이 드물기 때문이다. 현업에 종사하면서 직접 케이블을 만지고 광심선 접속도 하면서 실력을 쌓는 방법이 가장 현실적이라고 할 수 있다.

그런데 외선공이 하는 일은 왜 이렇게 배우기 힘들게 됐을까? 이 직무는 일 자체가 주로 외부에서 작업을 진행하고 통신 분야의 다른 직무보다 체력적으로 힘든 부분이 많다 보니 구직자들에게 덜 매력적으로 인식된다. 그런 이유로 이 기술을 배우려는 사람들의 수, 즉 수요가 감소하면서 기술을 가르치는 곳 역시 줄어들게 된 것이다.

그러나 한편으로 이런 상황이 이 기술을 보유한 현직 기술자들에게는 그들의 지위를 보장해주는 진입장벽 역할을 한다. 현장에서 외선팀 기술자 구하기가 어려워진 게 어제 오늘의 일이 아니다. 일이 급격히 많아지는 건 아니지만 사람 구하기가 점점 더 어려워지고 있으니 기술자들의 지위와 몸값이 상승할 수밖에 없다.

외선팀 기술자뿐만 아니라 네트워크 엔지니어 쪽도 구인난이 심하기는 마찬가지다. 다들 쓸 만한 엔지니어 구하기가 어렵다고 아우성이다. 최근 몇 년 사이 스타트업부터 대형 IT기업에 이르기까지 개발 인력 수요가 폭증하면서 개발자의 몸값이 급등했다. 이런 배경에서 현직에 있는 네트워크 엔지니어들은 물론 다수의 IT 인재가 개발자가 되기 위해 업종 전향을 시도했고 결국 기술자의 공급 불균형이 초래되었다.

그러나 IT 분야에서 개발자로의 인재 쏠림 현상이 언제까지 지속될 수는 없을 것이다. 그런 점에서 통신 네트워크 엔지니어에 대한 수요와 공급 불균형이 발생한 지금이 이 업종에 도전할 적기가 아닐까 하는 생각을 하게 된다. 우리는 늘 역발상 전략으로 기회를 잡을 수 있다고 말하면서 정작 결정의 시기가 왔을 때는 망설이다가 기회를 놓치곤 했다.

통신 네트워크 엔지니어는 IT 분야에서 프로그램 개발자, 보안 전문가와 더불어 핵심 기술 인력으로 분류되며 직업 전망이 밝은 직종 중 하나이다. 업무의 중요성이 높아지는 만큼 현재의 근무 여건이나 급여 수준도 점차 개선될 것으로 예상된다.

7

터프하면서
섬세한
목공의 세계

딱딱한 나무에 온기를 더하다

나무는 우리에게 가장 익숙한 소재 중 하나다. 목재를 가공하여 가구, 문, 창문, 계단 등의 제품을 제작하는 것을 목공이라고 한다.

목공은 고대부터 전해져온 전통적인 기술로서 현대적인 디자인과 기술이 결합하여 다양한 제품을 탄생시키고 있다. 최근에는 철학적 가치에 대한 관심이 높아지면서 손으로 만든 목공 제품들이 큰 인기를 얻고 있다. 수작업 제품은 대량생산되는 제품과 달리 특별한 느낌을 줄 수 있기 때문에 고객들에게 더 큰 가치를 제공한다. 이러한 이유로 고급 인테리어 매장이나 가구 시장에서 수작업 목공 제품들이 활발하게 거래되고 있다.

간혹 목공예와 목공을 비슷한 것으로 오해하는 사람들이 있는데 실제로는 큰 차이가 있다. 목공예는 여성들도 취미나 직업으로 많이 선택하고 있지만 목공은 남자들의 로망이라고 표현될 만큼 거칠고 험한 영역이다. 목공예와 목공은 둘 다 목재를 사용하여 물건을 만드는 기술이라는 공통점이 있으나 몇 가지 측면에서 대조를 보인다.

먼저 규모적인 측면을 보면 목공예는 주로 소품류, 장식품, 소가구 등과 같은 작은 규모의 작품을 만드는 예술적인 공예를 말하지만 목공은 가구, 건축물, 조선선박 등과 같은 대규모의 제품을 생산하는 기술적인 작업을 말한다. 또한 목공예는 주로 예술적 디자인, 조각, 도장, 물감 등을 바탕으로 독특하고 예술적인 작품을 만드는 것이 목적인 반면 목공은 주로 실용적인 디자인과 구조적인 요소에 중점을 둔다.

기술적인 측면에서도 차이가 있다. 목공예는 작은 규모의 작업이기 때문에 기술적인 난이도가 비교적 낮은 편이다. 하지만 목공은 대규모 작업을 수행하는 만큼 높은 난이도의 기술이 요구된다. 목재의 절단, 연마,

조립, 접합 등과 같은 기술이 사용되며 목재의 특성과 제품의 구조에 따라 다양한 기술을 적용하게 된다. 재료적인 부분을 보면, 목공예는 작품의 예술적인 가치를 높이기 위해 여러 가지 형태와 색상을 가진 목재를 사용하지만 목공은 제품의 목적에 부합하는 실용성이 높은 목재를 사용한다.

요약하자면 목공예는 예술적인 가치를 중시하는 작은 규모의 작업인 반면 목공은 실용성과 기술적인 요소를 중시하는 대규모 작업이라고 할 수 있다.

거친 작업은 기본, 먼지와 소음은 옵션

목공 기술을 배우는 방법은 여러 가지가 있다. 가장 좋은 방법은 교육기관에서 목공 교육을 받는 것이다. 학원이나 기술교육원 같은 교육기관에서는 전문적인 교육과 함께 실습 기회를 제공한다. 또한 교육 과정에서 형성된 인맥을 통해 현장에서 일하는 목공 기술자들과 교류하면서 실무적인 지식을 얻을 수도 있다.

또 다른 방법은 온라인 자료 및 동영상을 활용하는 것이다. 인터넷에는 목공에 관한 각종 자료와 동영상이 많이 올라와 있다. 유튜브 같은 동영상 플랫폼에서 목공과 관련된 동영상을 시청하면서 목공 기술을 자율적으로 학습할 수 있다. 또한 안전한 작업공간이 마련된다면 스스로 목재와 도구를 구입하여 실습해 보는 것도 좋은 방법이다.

한편 기술이라고 해서 몸으로 익히는 것만이 전부가 아니다. 목재의 특성이나 공구 및 장비에 대해서는 이론적으로도 공부해야 한다. 책을 통해 목공의 이론적인 부분부터 실무적인 부분까지 체계적으로 학습할 수 있다. 다행히 목공에 대한 사람들의 관심이 높아지다 보니 관련 책들이 꾸준하게 출판되고 있다.

목공 기술을 배우는 과정에서는 일정 정도 비용이 발생한다. 교육을 받는 경우 학원이나 교육기관에서 제공하는 강의 및 교육 프로그램에 따른 교육비가 들어간다. 이때 교육의 종류와 수준, 교육 기관의 명성, 위치에 따라 비용이 달라진다.

목공 작업을 위해 필요한 도구와 재료를 구입하는 비용도 들어간다. 예를 들어 목재, 접착제, 목재 연결을 위한 나사나 못 등의 재료와 목재 절단을 위한 톱, 연마를 위한 샌더 등의 도구를 구입해야 한다. 전기톱이나 샌더, 드릴 같은 기계 장비는 공동으로 구입하여 여럿이 함께 사용할 수도 있지만 간단한 공구와 재료 정도는 개별적으로 구입해야 한다.

목공 작업을 위해 별도의 작업장이나 작업 공간이 필요한 경우에는 그에 따른 임차료나 사용료 등의 비용이 발생한다. 부가적인 비용으로는 교재, 보호 장비, 공구와 재료에 대한 유지보수 비용 등이 있다.

목공 기술자는 진입장벽이 높은 편이다. 목공은 고급 기술이고 오랜 숙련이 필요하며 숙련 과정에서 비용도 많이 소요되기 때문이다. 게다가 목공은 평균 이상의 신체적인 능력, 체력, 힘이 필요한 분야다. 그렇다 보니 암묵적인 나이 제한이 있을 수도 있다. 또한 목공 분야에서는 트렌드를 캐치하는 감각과 창작적인 능력도 필요하다. 하지만 기술적인 능력과 달리 감각이나 창작적인 능력은 오랜 경험과 노하우에서 비롯되는 것이므로 이런 부분에서 기술자 간의 차별화가 이루어지는 것이다.

목공 기술자가 되는 과정은 멀고 긴 여정이 될 수도 있다. 목공은 일단 시작하면 시간과 비용이 꽤 많이 소요되기 때문에 중도에 포기했을 경우 매몰되는 비용이 크다. 그러므로 처음부터 가구를 만든다거나 한옥을 짓겠다는 욕심으로 바로 뛰어들지 말고 공방이나 동호회 같은 곳에 나가서 나무를 어떻게 다루는지 직접 경험해본 뒤에 판단해도 늦지 않는다. 간단한 목공예로 시작해서 자신의 소질과 적성을 확인해 보는 것도 괜찮은 방법이다. 그리고 실제 목공 기술자들에게 생생한 현장 이야기도 들어

보면서 자신의 목표와 계획을 수정 보완해 나가는 것이 현명한 접근이라고 할 수 있다.

그렇게 해서 이 길이 정말 자신의 길이라는 판단을 내렸다면 한 살이라도 젊었을 때 도전할 것을 권장한다. 그러나 자신이 소질이 없거나 외부적인 여건상 이 길을 가기가 어렵다고 판단했다면 노후에 즐길 만한 취미 정도로 삼는 것도 충분히 가치가 있다고 생각한다.

재취업 성공을
보장하는 기술 공부
실전 노하우

4장

뚜렷한 목표와 계획이 성공 확률을 높인다

목표는 마감 기한이 정해져 있는 꿈

40대에 접어들어 목표를 세우고 무엇인가를 새롭게 시작한다는 것은 대단히 큰 의미가 있다. 하지만 제아무리 강한 의지를 가졌다 하더라도 목표를 이루기 위한 자신의 노력이 체계적이지 못하거나 방향이 잘못된 경우에는 성공을 만나지 못한 채 세월만 허비하게 될 수도 있다.

성공을 좌우하는 요소는 크게 3가지다. 첫 번째는 뚜렷한 목표설정이고, 두 번째는 구체적이고 현실성 있는 계획의 수립, 세 번째는 행동이다. 목표를 가지는 것은 중요하지만 목표만으로 이끌어낼 수 있는 일은 하나도 없다. 성공은 어느 한순간에 얻어지는 것이 아니라 조금씩의 실천, 즉 행동이 모여서 완성되는 것이다. 그렇다면 어떻게 행동할 것인가? 그 내용을 정하는 것이 바로 계획이다.

제대로 된 목표를 세우려면 먼저 목표가 무엇인지 알아야 한다. 목표는 상위 목표와 하위 목표로 나눌 수 있다. 상위 목표는 먼 미래에 실현하고 싶은 것에 대한 최종 목표로서 다소 광범위하고 추상적인 언어로 표현하게 된다. 예를 들어 '나는 자녀를 인문학적 소양이 깊은 사람으로 키우겠다.' 같은 목표는 상위 목표에 해당한다.

하위 목표는 상위 목표를 실현하기 위한 수단이다. 하위 목표는 가시목표(可視目標)라고도 하며 단기간에 달성할 수 있는 목표를 말한다. 예를 들어 '한 달에 한 번씩 자녀와 함께 역사탐방 여행을 다니겠다.' 같은 것이 하위 목표다. 하위 목표는 자신의 역량과 주위 환경 등을 충분히 고려해서 설정해야 한다.

브라이언 트레이시의 '9단계 목표설정 기법'을 활용하면 최적의 목표, 가장 실속 있는 목표를 세우는 데 도움이 될 것이다.

[목표설정 9단계 기법]

1) A4 용지에 자신이 꼭 이루어야 한다고 생각하는 것들을 적어 리스트를 만든다.

2) 중요하지 않다고 생각하는 것부터 차례차례 지워나간다.

3) 마지막으로 남은 것을 자신의 '넘버원(No1)' 목표로 정하고 이를 다시 A4 종이에 베껴 쓴다.

4) 목표가 실현 가능한 것인지 생각해 본 후 언제부터 목표 달성을 위해 뛸 것인지 출발점을 정한다.

5) 현실적이고 명확한 데드라인(deadline)을 설정한다.

6) 목표를 이루는 데 장애 요소가 될 만한 것들을 적어본다. 지금까지 내가 왜 이 목표를 달성하지 못했는지 적어본다.

7) 목표를 이루기 위해 나를 도와야만 하는 사람들의 리스트를 작성한다. 협조를 어떻게 구할 것인지 적는다.

8) 목표를 달성하기 위해 나에게 필요한 기술(skill)을 적는다. 그 중 현실적으로 자신이 습득할 수 있는 게 무엇인지 적어본다.

9) 목표 달성을 위한 세부적인 스케줄 표를 작성한다. 구체적일수록 좋다.

자신이 원하는 모든 것이 전부 목표가 되어서는 안 된다. 나의 체력과 의지력, 그리고 내가 활용할 수 있는 자원에는 한계가 있다는 사실을 생각하자. 한 가지라도 제대로 성공하고 싶다면 무언가는 포기해야만 한다. 진정으로 원하는 가장 중요한 한 가지에 파고들어야 승산이 있다.

목표설정에서 다음으로 중요한 것은 현실성 있는 목표를 세우는 것이다. 현실을 고려하지 않은 과도한 목표는 달성 가능성이 낮다. 예를 들어 한 달 안에 몸무게를 10kg 감량하기로 목표를 정했다고 하자. 욕심 같아서는 최대한 빨리 살을 빼고 이상적인 몸매로 거듭나고 싶을 것이다. 과연 가능할까? 이런 목표는 달성하기 어렵다. 목표와 현실의 괴리가 너무 크면 목표 달성에 대한 자신감이 약해지고 막연함마저 느껴지게 된다. 한 달에 10kg 감량하기 대신 한 달에 3kg 감량 또는 세 달에 10kg 감량으로 목표를 현실화해야 한다.

게다가 목표가 너무 거창하면 뭐부터 해야 할지 엄두가 안 나기 때문에 행동으로 옮기기 힘들다. 이럴 때는 하나의 목표를 몇 가지 하위 목표로 세분화하는 것이 좋다. 당장 시작할 수 있는 것부터 단계적으로 달성해 나가면서 최종 목표에 도달하기 위해서다. 한 달에 몸무게를 3kg 감량하기로 최종 목표를 정했으면 오늘부터 술과 야식 끊기, 인스턴트 음식 먹지 않기, 식사량 20% 줄이기 등 실현 가능한 하위 목표를 세우는 것이다. 그래야만 지속적인 실천이 가능하다.

그뿐만 아니라 모든 목표는 언제까지 달성할 것인지 기한을 분명히 정해야 한다. 기한을 정해 놓고 스스로에게 적절한 긴장감을 주는 것도 목표를 달성하는 데 도움이 된다. 기한을 너무 길게 잡으면 세부 계획을 세우기가 애매하고 자신이 어느 정도 목표에 접근해가고 있는지 중간 점검을 하기도 어렵다. 만약 최종 목표의 달성 기간을 3년으로 정했다면 6개월마다 달성할 수 있는 단기 목표를 여러 개 정해서 중간중간 점검 포인트를 만들어주는 것이 좋다.

첫 번째 언덕만 넘으면 할 만하다

목표설정이 끝나면 이제부터는 목표 달성을 위한 구체적인 행동 계획을 수립해야 한다. 목표와 계획은 한 쌍이다. 목표 없이는 계획이 있을 수 없고, 계획이 없는 목표는 무모할 뿐이다.

목표와 계획은 결국 한 가지에서 출발한다. 목표를 정하면 그것을 하위 목표로 세분화하고 하위 목표를 다시 더 작게 쪼개면 계획이 되는 것이다. 그런데 아무리 훌륭한 계획도 그것이 실행되지 않는다면 애당초부터 없었던 것과 다를 바 없다. 계획의 실행 가능성을 높이기 위해서는 자신의 상황을 정확하게 반영해야 한다. 자신의 위치, 역할과 책임, 가용한 시간과 비용, 학력 및 자격, 정신적 또는 신체적 조건 등 지극히 개인적인 사정을 고려할 필요가 있다.

계획은 효율성과도 직결된다. 목표를 이루기 위해 완수해야 하는 미션이 여러 가지가 있는 경우에 무엇을 먼저 시작하느냐에 따라 효율성이 달라진다. 실행 순서에 대한 부분도 효율성을 생각하여 전략적으로 계획해야 한다.

계획을 세웠으면 20% 정도까지는 해보고 계속할지 말지 판단하라는 말을 하고 싶다. 전체가 200 페이지인 책이 있으면 최소한 40 페이지까지는 대충이라도 읽어 봐야 그 책이 나에게 도움이 되는 책인지 아니면 나에게 안 맞는 책인지 판단할 수 있다.

눈 딱 감고 목표 지점의 20%까지만 가보기 바란다. 그런데 20%까지 갔으면 대부분 끝까지 간다. 그때까지 해온 것들이 아까워서 쉽게 포기하지 못하기도 하거니와, 20%만큼 가는 동안 요령이 생겨서 처음보다는 할 만하기 때문이다. 그리고 그때쯤 되면 자신이 잘하고 있는지, 무엇을 개선해야 하는지 스스로 느끼게 된다.

이것은 나의 경험에서 우러나온 생각이지만 다른 사람들도 비슷할 거라고 확신한다. 나는 이것을 '20% 법칙'이라고 이름 붙였다. 사실 목표와 계획을 충실하게 수립하는 것만으로도 이미 10% 이상은 목표를 향해 나아간 것이나 다름없다. 20%라고? 까짓것 한번 가보자.

일·가정·공부,
세 마리 토끼를 다 잡는
공부법

공부에 최적화된 환경을 만들어라

'셀리던트'라는 말을 아는가? 직장인(salaried man)과 학생(student)의 합성어로서 일과 공부를 병행하는 직장인을 일컫는 말이다. 이는 고용에 불안함을 느낀 직장인들이 학생처럼 끊임없이 공부하며 자기계발에 매달리는 작금의 세태를 대변하는 용어다.

공부는 긴 시간 동안 지속적으로 체력과 정신력을 소진해야 하기 때문에 힘들고 지루하다. 학창시절에 공부깨나 했던 사람도 있을 것이고 공부와 담 쌓고 살았던 사람도 있을 것이다. 공부는 습관이 중요하므로 어려서 공부를 잘했던 사람들이 성인학습에도 유리할 수는 있다.

하지만 학생 때와 성인이 된 이후에는 공부하는 환경이 전혀 달라진다. 대체로 학생은 공부만 하면 되고 부모가 뒷바라지를 다 해준다. 그러나 성인이 되면, 특히 직장인이면서 가장의 역할을 맡고 있다면 학생 때보다 훨씬 어려운 여건에서 공부해야 한다. 그러므로 성인이 공부를 잘 하느냐 못 하느냐는 공부할 수 있는 환경을 어떻게 만들어 내느냐에 달려 있다고 해도 과언이 아니다.

예를 들어 우리가 직장인이자 가장인 남자로서 국가기술 자격증 취득을 목표로 공부한다고 가정해 보자. 이제부터 우리는 어떻게 공부해야 할까?

먼저 공부할 시간을 확보해야 한다. 이미 직장과 가정을 중심으로 생활 패턴이 굳어져 있던 상태에서 공부라는 새로운 과업을 수행하기 위해서는 시간이 필요하고, 가용한 시간 내에서 공부 계획을 짜야 한다. 하지만 직장에서의 업무시간은 정해져 있고 가정에서도 본인의 역할과 책임을 다하지 않으면 안 된다. 지금도 할 일이 많은데 어떻게 시간을 만들라는 것인가?

시간은 자신의 일상 중에서 중요도가 낮은 일, 효율성이 낮은 일, 불필요한 일을 줄이고 개선함으로써 확보할 수 있다. 그뿐만 아니라 하루 일과 중 버려졌던 자투리 시간까지도 잘만 활용하면 한두 시간 정도의 추가 공부시간을 만들 수 있다.

우선 직장 생활과 관련하여 활용할 수 있는 시간을 생각해 보자.

첫 번째로 출퇴근 시간이 있다. 대중교통을 이용한다면 교통수단에 타고 있는 동안 책이나 동영상 강의를 보면 된다. 흔들리는 차 안에서 무언가를 보기 어렵거나 자리가 없어서 서서 가야 하는 경우에는 이어폰을 귀에 꽂고 강의를 듣기만 해도 된다.

출퇴근할 때 스스로 차를 운전한다면 음악이나 라디오를 듣는 대신 공부와 관련된 오디오 파일을 듣는 방법이 있다. 나 같은 경우에는 집에서 회사까지 차로 30분 정도 걸리는데 운전하면서 들을 수 있게 30분짜리 오디오 파일을 여러 개 만들었다. 먼저 책을 요약한 다음 요약본을 읽으면서 스마트폰으로 녹음하는 것이다. 그러면 차에서도 들을 수 있고 스마트폰만 있으면 언제 어디서나 틈틈이 들으면서 공부한 내용을 상기할 수 있다.

두 번째로 직장에서 활용 가능한 시간은 점심시간이다. 하지만 점심시간에 동료들과 함께 식사하고 가볍게 커피를 마시면서 이야기를 나누는 것이 직장생활의 일부라면 그렇게 해야 한다. 또한 회사에서 공부하는 모습을 상사가 좋지 않게 볼 수도 있다. 오전 업무에 지친 본인에게도 잠깐의 휴식을 부여해야 하니 점심시간까지 너무 무리해서 공부하라는 말은 아니다.

점심시간에 굳이 공부를 하겠다면 이때도 스마트폰을 활용하면 좋다. 미리 책에서 공부할 부분을 사진으로 찍어 놓았다가 틈틈이 보는 것이다. 관련 문서를 다운받아서 봐도 된다. 스마트폰을 보고 있으면 주위에서 공부를 하는지 SNS를 하는지 별로 신경을 안 쓰기 때문이다.

스마트폰 덕분에 5분 정도의 짧은 시간까지도 활용할 수 있게 됐다. 공부를 꼭 책상 앞에 앉아서 해야 한다는 고정관념에서 탈피하자. 스마트폰이 있는 곳이 공부방도 되고 사무실도 되는 것이다. 참고로 나는 지금 이 글을 스마트폰으로 쓰고 있다.

직장생활 중에서 개인 시간을 가장 많이 빼앗기는 것이 바로 술자리다. 술자리가 밤늦게까지 이어지거나 과음을 하는 경우에는 다음 날까지 컨디션이 안 좋아서 공부에 지장을 준다. 회식도 직장생활의 일부이니 회식이나 중요한 술자리는 참석하되 과음만은 피해야 한다. 또한 회식이 아닌 예고되지 않았던 가벼운 술자리, 이른바 번개는 되도록 자제하는 것이 좋다. 이때 상사나 동료들이 섭섭하지 않도록 그들이 수긍할 만한 핑계를 대는 것은 기본이다.

직장 동료들에게 자신이 공부하고 있다는 사실을 알리는 게 좋을까 비밀로 하는 게 좋을까? '신시야 사피로'의 저서 『회사가 당신에게 알려주지 않는 50가지 비밀』에서는 직장 동료에게 너무 사적인 얘기는 하지 말라고 한다. 내가 공부하는 걸 공개했을 때 지지해주는 동료도 있겠지만 모든 사람이 나에게 우호적이지는 않을 것이다. 내가 공부하는 것을 회사에 충성하지 않는 것으로 곡해하는 시선이 있을 수 있다. "쟤는 공부한대. 이직 준비하나 봐. 조만간 회사 그만두겠는데?" 이런 왜곡된 시선은 사실 여부를 떠나서 나에게 좋을 리 없다.

물론 회사에 도움이 되는 공부, 단순한 역량계발 정도는 공개해도 무방하다. 사무직이 엑셀을 공부하거나 기술직이 관련 자격증 공부를 하는 것들은 오해의 소지가 없다. 그러나 영업직인데 회계사 공부를 한다면 누가 보더라도 이직을 준비하는 것이므로 회사에서 좋게 이해해줄 리 없다. 이런 경우에는 반드시 비밀로 해야 한다.

다음으로 가정에서 공부 환경을 만드는 방법에 대해 생각해 보자. 공부를 하려면 기본적으로 가족들의 동의가 필요하다. 남편으로서, 그리고 아버지로서 할 일을 다 하지 않고 공부만 하겠다고 방에 들어간다거나 독서실에 다니고 있으면 가족들의 불만이 폭발할 수 있다.

집에서 원래 하던 일이 있다면 최대한 빨리 해치우고 가족들에게 공부 좀 하겠노라고 양해를 구하는 것이 순서다. 예를 들어 설거지, 청소, 아이 돌보기 등 할 것들을 다 해놓고 떳떳하게 공부에 임하라는 것이다. 가족들과 트러블이 있으면 공부를 하더라도 마음이 불편해서 집중이 잘 안 된다.

어쨌든 집에서 할 일을 다 마치고 가족들이 잠자리에 들면 그때부터가 온전한 내 시간이다. 보통 밤 10시부터 12시까지 두 시간가량을 공부 시간으로 확보할 수 있다. 그런데 10시에서 11시 사이는 드라마 황금시청 시간대다. 아마 가족들이 드라마를 본다고 깨어 있을 수도 있는데 그러면 나는 조용히 방에 들어가서 혼자 책을 보면 된다.

한편 일주일에 한 번 정도는 공부를 접고 아내와 함께 시간을 보내는 것이 좋다. 내가 공부하는 동안 아내도 알게 모르게 신경을 쓰고 있으며 나름대로 배려한다고 집안일을 더 많이 하게 된다. 아내 역시 나 못지않게 지친다는 얘기다. 아내가 지치거나 불만을 갖게 되면 가정의 평화가 깨질 수 있으므로 일주일에 한 번씩은 스트레스를 풀어줄 필요가 있다.

또한 자신에게도 휴식을 줘야 한다. 엄청난 고시 공부를 하지 않는 이상 공부에 너무 올인 하면 안 된다. 극단적으로 치우치면 삶의 균형이 깨지고 건강도 나빠질 수 있기 때문이다. 아내를 쉬게 해준다는 핑계로 자신도 머리를 식히도록 하자.

나의 경험에서 우러나온 꿀팁을 하나 소개하겠다. 저녁마다 설거지를 하기 바란다. 설거지는 가정의 평화와 공부라는 두 마리 토끼를 다 잡는 방법이다. 요란한 소리를 내며 설거지를 함으로써 아내에게 집안일을 돕고 있다는 확실한 증거를 보여주는 것이다. 이는 하루 종일 지쳤을 아내의 마음을 진정시키는 효과가 있다. 그리고 나는 설거지를 하는 동안 귀에 이어폰을 꽂고 녹음 파일을 들을 수 있다. 주말에도 청소를 자청해서 하자. 설거지와 마찬가지로 청소와 함께 귀로 듣는 공부를 병행하면 된다.

공부의 방해꾼들을 멀리하라

마지막으로 자신의 생활 습관을 개선하여 시간을 확보하는 방법이 남아 있다. 나의 습관 중에는 은근히 시간을 허비하고 공부에 대한 몰입을 방해하는 요소들이 많다.

가장 대표적인 것이 TV다. 대체로 TV 프로그램은 한 시간에 한 편씩 편성된다. 간단하게 드라마나 예능프로그램 하나만 보더라도 한 시간이 걸린다. 스포츠 경기 시청은 더 심하다. 축구는 2시간, 야구는 3시간이 소요된다.

뉴스는 매일 챙겨 보지 않아도 된다. 예를 들어 정치 뉴스의 경우 어떤 쟁점을 가지고 여당과 야당이 며칠이든 한 달이든 서로 싸우기만 한다. 오늘은 야당이 여당을 공격하면 내일은 여당이 반박하고, 쟁점에 합의를 하려고 했다가 다음 날이 되면 뒤집어버리고, 이런 지루한 과정을 매일 보면서 업데이트할 이유가 없다. 이런 뉴스를 매일 보는 것은 머릿속에 노이즈를 담는 것이나 다름없다.

사건사고 뉴스는 또 어떠한가. 교통사고가 나고, 불이 나고, 어떤 범죄가 일어나고, 누가 죽고 하는 이런 사건사고는 10년 전에도 똑같이 있었다. 우리가 그때 그 사건을 기억하는가? 당사자들에게는 충격적이고 슬픈 사건이겠지만 우리가 하루를 살아가는 데 있어서는 굳이 몰라도 되는 내용들이다. 이런 뉴스를 보느라 시간을 쓸 필요가 없다. 스포츠 뉴스, 연예 뉴스도 마찬가지다.

스마트폰도 공부의 방해꾼이다. 게임, SNS, 유튜브, 블로그, 가십거리 검색 등 스마트폰으로 할 수 있는 것들이 상당히 많기 때문이다. 또한 인터넷이나 SNS에는 가짜뉴스와 자극적인 영상들이 넘쳐나는데 그런 것들도 집중력을 헤치는 요소다. 스마트폰은 항상 한쪽 손에 들려 있으면서 시도 때도 없이 우리의 소중한 시간을 빼앗아 간다.

앞서 스마트폰을 이용한 공부 방법으로 동영상 강의 시청, 오디오 파일 청취, 카메라 활용 등을 소개했다. 이처럼 스마트폰에서 꼭 필요한 어플리케이션 외에는 모두 삭제하길 권한다. 공부를 위해서는 불필요한 스마트폰 사용을 원천적으로 차단할 필요가 있다.

미안한 얘기지만 공부하는 기간에는 낚시나 골프, 캠핑 같이 하루를 다 쓰는 취미를 끊어야 한다. 중대한 결심을 단행하기 위해 술이나 담배도 끊는데 그깟 취미 하나를 못 끊겠는가. 하지만 함께 어울렸던 사람들이 같이 가자고 계속 나를 유혹할 것이다. 이런 사람들이야말로 공부의 방해꾼들이다. 이들의 유혹을 단호하게 뿌리치지 못하면 공부는 물 건너갔다고 봐야 한다.

공부를 잘하고 싶으면 공부 잘하는 친구를 사귀고 부자가 되고 싶으면 부자를 따라다니라는 말이 있다. 목표가 비슷한 사람들과 어울리라는 뜻이다. 자격증 공부를 한다면 자격증과 관련한 인터넷 커뮤니티에 가입해 보라. 나와 목표가 같은 사람들의 생생한 이야기가 올라와 있는데 읽어

보면 공감도 되고 정보도 얻을 수 있을 것이다.

공부를 위해서도 운동은 반드시 필요하지만 무리하게는 하지 말아야 한다. 공부는 체력 싸움이다. 밤늦게까지 공부와 씨름하는 생활을 최소한 몇 달은 지속해야 하기 때문이다. 무리한 운동으로 몸을 피곤하게 하면 두뇌 활동이 저하되어 공부에 지장을 줄 수밖에 없다.

공부할 때는 먹는 것도 적당히 먹어야 한다. 포만감이 생기면 몸이 나른해져서 공부가 잘 안 된다. 또한 음식을 순한 것으로 가려서 먹을 필요가 있다. 맵고 짠 음식을 먹게 되면 물을 많이 마시거나 배속이 불편해서 화장실에 자주 가야 할 수도 있다. 그렇게 되면 공부의 흐름이 끊어지므로 몰입에 방해가 된다.

공부의 핵심은 반복과 피드백

어떤 것을 공부하느냐에 따라 공부 전략과 계획이 달라진다. 또 사람마다 선호하는 공부 스타일이 다를 것이다. 하지만 공부에서 공통적으로 적용되는 불변의 법칙이 있다. 바로 학습량의 법칙이다. 새로운 것을 공부하기 시작하면 처음에는 무슨 말인지 모르겠고 앞이 캄캄한 기분이 든다. 그러나 포기하지 말고 일단 모르는 내용은 넘기면서 계속 진도를 나가라. 책을 다 봤으면 이해가 되든 안 되든 한 번 더 봐라. 그렇게 해서 기본적인 학습량이 충족되고 나면 어느 순간 무릎을 '탁' 치면서 그냥 넘어갔던 내용이 이해되는 순간이 온다.

책이나 강의를 통해 접할 수 있는 공부법들은 대부분 '반복'이라는 공통된 원칙을 가지고 있다. 아무리 공부에 자신감이 없는 사람도 알 때까지 반복하면 잘하게 된다. 공부 잘하는 방법이라는 것은 '어떻게 반복할까'에 대한 나름의 요령일 뿐이다.

반복 다음으로 중요한 것은 '피드백'이다. 피드백은 내가 공부한 내용을 얼마나 제대로 알고 있는지 점검하는 것이 목적이다. 문제 풀이, 요약 노트 작성, 공부한 내용 읊어보기 등 자기가 잘하고 있는지 아닌지 확인할 수 있다면 모두가 피드백이 된다. 피드백을 해보고 자신이 모르는 부분을 골라서 다시 공부한다. 어느 정도 시간이 지나면 또 피드백한다. 그리고 모르는 부분을 다시 공부한다.

공부의 핵심은 반복과 피드백이다. 이 2가지를 충분히 하기 위해서 최대한의 시간 확보가 필요했던 것이다.

공부를 안 하던 사람이 공부를 막 시작하면 몸이 적응을 못 한다. 졸리고 목, 허리, 어깨가 다 아프다. 그러나 이런 문제도 꾹 참고 며칠만 견디면 점점 나아지는 걸 느낄 수 있다. 공부할 때는 공부 근육을 써야 하는데 안 쓰던 공부 근육을 갑자기 쓰려고 하니까 몸이 아픈 것이 당연하다. 서서히 적응시켜 나가면 괜찮아진다.

학생 때는 체력도 좋았고 생계와 가족에 대해 신경 쓸 일도 없었으니 공부가 이렇게까지 어렵지 않았는데 인생이란 참 기막힌 것 같다. 공부하기 좋았던 시절에는 철없이 놀기만 하다가 나이를 먹고 주변 상황이 복잡해지니까 이제 와서 더 힘든 공부를 시작하니 말이다.

기술자에게
자격증이
중요한 이유

아는 만큼 보이는 신비를 경험하라

나는 방송통신 분야, 자세히는 케이블 TV 회사에서 전송망 운영을 담당하고 있다. 20대에는 전혀 다른 일을 했었는데 우연한 계기로 서른한 살에 이 업계로 이직하여 경력은 이제 13년 정도가 됐다.

처음 케이블TV 업계에 들어왔을 때 나는 기술에 대한 '기'자도 모르는 완전한 초보자였다. 내가 아무것도 모르는데 이 업계, 그중에서도 기술팀으로 이직할 수 있었던 이유는 정말 우연이라고 밖에 말할 수 없다. 이직을 준비하던 나는 딱히 내세울 만한 특기가 없다 보니 케이블TV 회사에 영업직으로 지원했다. 그런데 당시 그 회사의 기술팀장이었던 분이 기술팀 사무를 맡기려고 나를 선발했다. 기술팀에는 기술자만 필요한 게 아니라 문서작업 같은 단순 사무를 처리할 사람도 필요했기 때문이다.

어쨌든 나는 기술팀에서 선배들이 시키는 대로 문서를 만들고 허드렛일을 처리하며 수개월을 보냈다. 그러던 어느 날 문득 한 가지 걱정이 뇌리를 스쳤다. 그것은 기술팀에 소속되어 있으면서 기술을 알지 못하면 회의나 대화에 참여하기 어렵다는 근본적인 문제의식이었다.

그래서 그때부터 공부를 시작했다. 배우려는 자세로 선배들이 하는 일을 주의 깊게 살펴보고 인터넷에서 관련 자료와 장비 매뉴얼을 찾아 읽었다. 그리고 본격적으로 자격증 공부를 시작하여 기능사부터 산업기사, 기사 순으로 차근차근 취득해나갔다.

기술 자격증을 취득하면 정말 기술자가 되는 것일까? 이 질문에 대한 대답은 Yes일 수도 있고 No일 수도 있다. 자격증만 취득하고 실무 경험을 쌓지 않으면 기술력을 높이는 데 한계에 부딪치고 만다. 다만 자격증이 있다는 것만으로도 일에 대한 자신감이 상승하는 것은 분명하다.

나는 자격증 공부 덕분에 현장 팀과 소통을 할 때 말이 더 잘 통하고 내가 일을 주도해나갈 수 있게 됐다. 또한 일에 대한 내용을 문서화할 때는 기술적인 개념이 잘 잡혀 있으므로 글을 논리적으로 써나갈 수 있다는 점도 자격증 공부의 효과라고 생각한다. 나 같은 경우에는 자격증 공부가 실제 업무에 많은 도움이 됐다.

제대로 일하려면 구색을 갖춰야 한다

기술자에게 자격증은 중요하다. 자격증은 기술자가 보유한 기술적 능력과 지식을 인증하고, 산업현장에서 필요로 하는 전문가임을 증명하는 수단이다. 기술자는 자격증을 취득하여 자신의 경쟁력을 강화할 수 있다. 기술에 대해 잘 모르는 회사의 사장이나 인사담당자 입장에서는 기술자를 볼 때 겉으로 드러나는 자격증을 판단 기준으로 삼을 수밖에 없다. 즉, 취업이나 승진에서도 자격증이 도움이 된다는 말이다.

제도적으로 보면 건설, 기계, 가스, 통신, 전기, 화학 등 기술 관련 사업을 하기 위해서는 사업자가 관련 자격증 보유자를 반드시 고용해야 한다는 규정이 있다. 예를 들어 전기사업자가 전기공사업 면허를 신청하려면 전기 관련 국가기술자격증 보유자 3명 이상을 고용하고 있어야 한다.

특히 그 중 1명은 산업기사 이상 등급이어야 한다. 그렇다 보니 회사는 직원을 채용할 때 자격증 보유자를 더 선호하게 되는 것이다.

뿐만 아니라 이 회사가 정부 기관이나 대기업으로부터 공사를 수주하려고 입찰에 참여하는 경우 자격증을 보유한 직원이 많을수록 높은 평가 점수를 받게 된다. 대부분 큰 공사의 입찰에서는 기술평가 점수와 응찰 가격 점수를 종합하여 낙찰자가 선정된다. 이때 자격증이 많을수록 기술평가 항목에서 높은 점수를 받을 수 있다.

결국 기술자에게 자격증은 내용 면에서나 형식 면에서 모두 중요한 가치가 있는 것이다.

한 분야에서 소위 현장 짬밥을 오래 드신 분들은 일 처리가 정말 깔끔할 정도로 뛰어나고 일도 빠르다. 또 그런 사람들은 비슷한 다른 분야에 대해서도 경험적인 노하우, 일명 통밥으로 어느 정도 일처리가 가능하다. 그런데 기술 분야라고 해서 일이라는 게 현장에서의 '닦고, 조이고, 기름칠'만 있는 게 아니다. 일의 계획, 설계, 시공, 감리 과정에서 이를 문서화하고 일의 전반을 컨트롤하는 공무 및 관리자의 역할도 필요하다.

나이를 먹고 계속 현장에서 일을 하기에는 체력적으로 한계가 있을 수밖에 없다. 오래 일하기 위해서는 현장에서 은퇴할 나이가 되기 전에 관리자로서의 역량을 키워 미리 자리를 옮기는 것이 좋다. 그렇게 하려면 기본적으로 실력을 갖춰야 하고 더불어 자격증까지 있다면 금상첨화다.

비전공자를 위한 징검다리, 학점은행제

최종학력이 고졸인 사람은 국가기술자격증 중에서 기사 및 산업기사 등급에 응시할 수 없다. 또한 대졸자여도 해당 자격증과 관련된 학과를 나오지 않았다면 응시가 불가능하다. 예를 들어 문과 출신은 이공계 분야의 기사 자격증 시험에 응시할 수 없는 것이다. 단, 관련 분야에서 일정 정도 실무 경력을 쌓았거나 다른 분야의 기사 자격증을 이미 가지고 있다면 고졸이든 비전공자든 상관없이 기사 자격증 시험에 응시할 수 있다.

그래서 나는 학점은행제에 주목하려고 한다. 학점은행제를 활용하면 관련 전공자가 아니어도, 심지어 고졸 학력인 사람의 경우에도 기사 자격증 응시 요건을 갖출 수 있다. 문과 출신이라고, 고졸이라고 움츠러들 필요가 전혀 없는 것이다.

학점은행제로 학위를 취득하는 절차는 다음과 같다. 우선 학점은행제 참여 기관에서 학점이 부여되는 교육과정을 수강한다. 이때 해당 교육과정은 국가평생교육원이 인정하고 인가한 과정이어야 한다.

학사학위를 취득하기 위한 요건은 일반적으로 학점, 과목 이수, 평점 평균 등이다. 이와 같이 각 교육기관에서 정한 졸업 요건을 모두 충족하면 학위수여가 이루어진다.

고졸자가 학점은행제를 활용하여 산업기사 응시 요건을 갖추는 데는 약 1년, 기사 응시 요건을 갖추는 데는 1~2년 정도가 소요될 것으로 예상된다. 대졸 비전공자인 경우에는 기사 응시 자격을 갖추는 데 6개월 정도로도 가능하다.

대체로 무난하게 4년제 대학을 나왔거나 명문대 출신인 사람들은 평생교육제도를 통해 취득한 학위를 무시하는 경향이 있다. 이 제도가 전 국민을 대상으로 하고 있다는 이유로 학문의 깊이가 낮을 거라고 폄훼하는 것이다. 물론 완전히 아니라고 부정할 수는 없을 것 같다. 국민의 평생교육을 장려한다는 취지에 맞게 학습 절차나 형식이 상대적으로 덜 까다로운 것이 사실이기 때문이다.

자신의 실력을 입증할 방법은 학위 말고도 많다. 솔직히 말하면 학점은행제를 통한 학위 취득은 다음 단계로 가기 위한 징검다리를 만드는 것이라고 할 수 있다.

어느 부잣집에서 파티가 열린다고 하자. 그 파티에는 아름다운 남녀를 비롯하여 저명한 예술가, 학자, 연예인, 운동선수, 각계각층의 영향력 있는 사람들이 다 참석할 거라고 한다. 그 파티에 참석해서 그들과 어울리면 얼마나 즐겁고 뜻깊을까? 생각만 해도 설렌다.

그렇다면 나는 그 파티에 가기 위해 무엇을 준비해야 할까? 미녀를 만나게 될 테니 일단 나의 외모를 좀 가다듬고, 연예인을 만나면 같이 사진을 찍어야 하니 옷도 근사하게 차려입고, 영향력 있는 저명인사를 만나면 무엇을 부탁할지 고민도 좀 해봐야 할까? 모두 아니다. 가장 먼저 해야 할 일은 파티장에 들어갈 수 있는 초대장을 구하는 것이다.

학위는 그저 초대장에 불과하다. 일단 초대장을 들고 파티장에 들어간 다음 그곳에서 누구와 무엇을 할지는 자신의 진짜 역량에 달려 있다. 그러니 아직 초대장이 없다면 지금은 우선 초대장부터 구하기 바란다.

아는 사람만 혜택 보는 교육비 지원제도

국가에서 국민들의 평생교육을 장려하기 위해 시행하고 있는 교육 지원 프로그램을 하나 더 소개하겠다. 고용노동부에서 운영하는 내일배움카드가 그것이다. 이는 근로자들이 자기계발을 위해 교육을 이수하고자

할 때 해당 교육비용 일부를 내일배움카드를 통해 지원하는 제도다. 내일배움카드는 직업훈련, 기술교육, 자격증 취득, 외국어 학습 등 다양한 분야의 교육을 지원한다.

이 제도를 통해 지원받을 수 있는 교육비용은 교육기관의 수강료, 교재비, 교통비, 생활비 등이 포함되며 최대 100%까지 지원된다. 일반 참여자의 경우 훈련과정마다 훈련비의 45~85%가 지원되며, 취업을 목적으로 하는 청·중장년층의 경우에는 80~100%의 훈련비를 지원받을 수 있다.

참고로 내일배움카드 발급이 제한되는 사람들도 있으니 자신이 여기에 해당하는지 확인할 필요가 있다. 현직 공무원, 사립학교 교직원, 만 75세 이상인 사람, 졸업까지 남은 수업연한이 2년을 초과하는 대학생, 연 매출 1억 5천만 원 이상의 자영업자, 월 임금 300만 원 이상인 특수형태근로종사자와 월 임금 300만 원 이상이면서 45세 미만인 대기업 종사자 등은 발급 대상에서 제외된다.

고용노동부에서는 훈련비 지원 외에도 원활한 훈련 참여를 위한 훈련 장려금도 지급하고 있다. 훈련 장려금은 총 140시간 이상의 훈련과정을 수강하는 실업자, 저소득 재직자 등에게 월 최대 11만 6천 원을 지급한다. 단, 전체 훈련 시간 중 80% 이상 출석하는 것을 조건으로 한다.

옛 어른들이 하신 말씀 중에 "공부도 다 때가 있다."라는 말이 있다. 이 말은 모두 알다시피 공부는 젊었을 때 하라는 뜻이다. 그 이유는 나이를 먹을수록 할 일이 많고 바빠져서 공부할 시간이 없기 때문이다. 게다가 나이가 들수록 호기심, 도전의식, 의욕이 저하되기 때문에 새로운 것을 공부하기가 점점 더 어려워진다. 그러므로 자격증이나 학위를 취득할 생각이라면 한 살이라도 젊었을 때 공부를 시작하기 바란다.

4

유튜브는
잘 쓰면 약,
못 쓰면 독이다

유튜브의 숨겨진 두 얼굴

유튜브(YouTube)는 사용자들이 동영상을 업로드하고 공유할 수 있는 플랫폼이다. 사용자들은 다양한 형식의 동영상을 업로드 하여 자신의 채널을 생성하고 다른 사용자들과 공유할 수 있다. 유튜브는 이미 우리에게 중요한 삶의 도구가 되었다.

사람들은 유트브를 통해 자신이 관심 갖는 영역을 배우고 익히며 확장해 나간다. 어떤 사람들은 유튜브를 시청하면서 공부를 하고, 육아를 배우고, 장사를 배운다. 또는 요리를 배우거나 악기 연주를 배우고, 삶을 배우기도 한다.

물론 유튜브 속에 양질의 콘텐츠만 있는 것은 아니다. 유튜브 안에는 세상이 그대로 담겨 있다고 해도 과언이 아니다. 결국 잡다한 내용의 콘텐츠와 양질의 콘텐츠가 혼재되어 존재하기 때문에 이용자는 본인에게 유익한 콘텐츠만을 선별해서 시청할 수밖에 없다. 앞으로는 사람들이 유튜브를 어떻게 활용하느냐에 따라 각자의 경쟁력, 세상에 대한 시각, 삶의 질이 달라질 거라고 생각한다.

이제 스마트폰만 있으면 누구나 손쉽게 유튜브를 이용할 수 있다. 유튜브는 인터넷에 서툰 어린이나 노년층에게도 진입장벽이 낮은 매체일 뿐만 아니라 영상 콘텐츠의 특성상 텍스트에 익숙하지 않은 저학력 계층에게도 편안하게 소비될 수 있는 강점을 가지고 있다.

유튜브는 사용자 참여와 커뮤니티 측면에서 장점을 가지고 있다. 사용자들이 콘텐츠를 업로드하고 댓글, 좋아요, 구독 등의 기능을 통해 콘텐츠에 참여할 수 있다. 사용자들이 콘텐츠를 중심으로 의견을 나누고 소통할 수 있도록 하는 것이다.

유튜브의 또 다른 장점은 추천 알고리즘의 활용이다. 유튜브는 사용자들의 시청 기록, 관심사, 검색 기록 등을 기반으로 추천 알고리즘을 활용하여 사용자들에게 맞춤형 콘텐츠를 추천한다. 이로써 사용자들은 자신이 원하는 콘텐츠를 검색하고 선별하는 수고를 덜 수 있게 됐다.

유튜브는 장점 못지않게 많은 단점을 가지고 있으며 여러 가지 문제도 야기한다. 유튜브는 누구나 동영상을 업로드할 수 있는 플랫폼이기 때문에 품질이 떨어지는 콘텐츠나 허위 정보, 저속한 콘텐츠 등이 존재할 수 있다. 이로 인해 사용자들은 신뢰성 있고 건전한 콘텐츠를 구별하기 위해 적극적으로 자신의 시간과 에너지를 소모해야 한다.

가짜뉴스 역시 유튜브의 어두운 그림자다. 가짜뉴스는 언제나 있어 왔지만 정보의 유통 비용이 낮아지고 유통 속도가 빨라진 유튜브 시대에 더욱 파괴적인 영향력을 발휘하고 있다. 한편 일부 콘텐츠 제작자들이 상업적 목적으로 유튜브를 이용하는 것도 문제다. 그들에 의해 콘텐츠가 광고와 상업적인 내용으로 얼룩지고 사용자들은 불필요한 정보를 제공받느라 시간을 낭비하고 있기 때문이다.

유튜브의 추천 알고리즘의 경우에는 긍정과 부정의 요인을 모두 내포하고 있다. 아이러니하게도 사용자의 선호에 최적화된 동영상을 추천하는 알고리즘은 필터 버블(filter bubble)을 만든다. 필터 버블이란 사용자가 개인화 알고리즘에 의해 추천되는 콘텐츠를 편식하는 현상을 의미한다. 버블에 갇혀 필터링된 정보만을 접하는 사용자는 다양한 시선으로 사회를 바라볼 수 있는 기회를 잃는다. 그 결과는 진영, 집단, 이념 간 갈등과 대립이 더 커지는 사회 문제로 이어지고 있다.

마지막으로 중독성과 시간낭비 문제는 유튜브의 가장 큰 부작용이라고 할 만큼 심각하다. 유튜브는 끊임없이 다양한 동영상 콘텐츠를 제공할 뿐만 아니라 추천 기능이 강력하기 때문에 사용자들이 동영상 시청에 중독되어 시간을 낭비하게 된다. 특히 어린 학생들일수록 유튜브 중독에 취약하다.

유튜브는 불이나 술과 같은 양면성을 지녔다. 불은 인류의 역사를 발전시키는데 핵심적인 역할을 했지만 불을 잘못 사용하는 경우에는 큰 재앙을 당하기도 했다. 술도 마찬가지로 적절한 음주는 사회적 교류를 촉진하고 스트레스를 해소하는 등 긍정적인 효과가 있지만 과음을 자주하게 되면 판단력이 흐려지고 건강을 해치거나 중독에 이르게 된다.

유튜브는 이미 인류에게 불이나 술만큼의 영향력을 발휘하고 있다고 생각한다. 그러다 보니 유튜브를 잘 활용하는 사람은 풍요로운 삶을 살아가게 될 것이지만 그렇지 못한 사람은 그저 유튜브의 노예가 되어 소중한 시간을 허비하게 될 수도 있다.

한 가지 주제를 골라 집중적으로 시청하라

현재 유튜브 시청은 무료다. 유료화될 가능성도 있지만 아직까지는 공짜로 이용할 수 있고 그 점이 공부하는 사람에게는 정말 다행스러운 일이다. 유튜브의 풍부한 학습 콘텐츠를 공짜로 시청할 수 있는 지금이야말로 공부하기 가장 좋은 시절인 것 같다. 이 기회를 놓치지 말고 자기계발을 위해 꼭 유튜브를 활용하기 바란다.

유튜브를 활용한 자기계발 방법을 간단히 소개하겠다. 우선 유튜브라는 정보의 바다에서 자신이 관심을 가지고 있는 분야에 관한 양질의 콘텐츠를 발굴해 낸다. 예를 들어, 'Python 프로그래밍'과 같이 검색하면 Python 프로그래밍과 관련된 동영상이 상당히 많이 나온다. 그중에서 조회 수가 많거나 구독자 수가 많은 콘텐츠를 선별하여 구독 버튼을 누른다. 즉, 인기 있는 채널을 구독함으로써 새로운 동영상을 바로바로 확인할 수 있도록 하는 것이다. 유용한 동영상이 있다면 북마크하여 나중에 다시 확인할 수 있도록 한다.

다음으로 자신이 선별한 동영상을 시청한다. 유튜브는 온라인 강좌, 튜토리얼, 해설 등 다양한 형태의 학습 콘텐츠를 제공하므로 상황에 맞는 영상부터 차례로 시청하면 된다. 그리고 동영상 아래의 댓글을 확인하면서 다른 사람들의 생각과 질문을 읽고 자신도 댓글을 달아서 의견을 공유하면 학습의 효과를 높이는 데 도움이 될 것이다.

동영상을 시청한 후에는 실제로 프로젝트나 예제를 따라 해 보면서 학습한 내용을 익히는 과정을 시작한다. 동영상을 눈으로만 보고 끝내면 학습이 충분히 되지 않기 때문에 Python 프로그래밍 강좌를 시청했다면 자신이 직접 코딩도 해봐야 한다.

마지막은 추천 동영상을 확인해보는 것이다. 이를 통해 새로운 정보나 관련 지식을 습득할 수 있으며 더 유익한 콘텐츠를 발견할 수도 있기 때문이다.

나는 전기기사 자격증을 공부할 때 이런 식으로 유튜브를 활용하여 상당히 많은 도움을 받았다. 지금은 경제와 주식 관련 콘텐츠를 집중적으로 시청하고 있다. 그렇게 하다 보니 이제는 경제에 대한 이해도가 상당히 깊어진 느낌이 든다. 유튜브 학습은 이렇게 관심 분야를 좁혀서 특정한 콘텐츠만 집중적으로 시청해야 효과가 좋다. 나는 나중에 역사와 영어도 유튜브를 통해 학습할 계획이다.

유튜브를 시청할 때는 책을 볼 때와는 달리 그렇게까지 많은 집중력이 필요치 않다. 학습 시간도 짧다. 그냥 귀에 쏙쏙 박힌다. 유튜버가 동영상을 전달력 있게 만들지 않으면 사용자들에게 선택받지 못할 테니 당연히 핵심만 뽑아서 시청하기 편하도록 내용을 구성한다. 그러므로 시간이 남을 때마다 재미있고 유익한 콘텐츠를 부담 없이 시청하기만 하면 된다.

자신이 재미를 느끼면서 학습까지 할 수 있는 그런 유튜브 영상을 시청하기 바란다. 그것이 유튜브를 이용하는 기본 원칙이라고 생각해라. 그리고 유튜브가 막연히 시간을 때우는 용도가 아니라 자신에게 직접적이고 확실한 도움을 주는 정말 좋은 플랫폼이라는 사실을 깨닫기 바란다.

유튜브로 즐겁게 놀면서 학습하는 습관을 들이면 시간의 힘에 의해 1년, 2년 뒤에는 엄청난 지식과 경험이 축적된 자신을 만나게 될 것이다.

$$\boxed{5}$$

스승 1명,
동료 2명과
인맥을 쌓아라

협력자의 중요성

우리는 자주 만나고 함께 어울리는 사람들과 서로 영향을 미치고, 비슷하게 생각하며 행동하게 된다. 내 주변 사람이 성공했다면 그의 성공이 나에게 영향을 미친다. 나와 매일 마주하는 동료가 몹시 부정적인 사람이라면 그의 부정적인 사고도 나에게 영향을 미친다. 행복은 전염된다. 당연히 불행도 전염될 수 있다.

'리처드 코치'의 책 『80/20 법칙』에는 다음과 같은 말이 나온다. "인생에서 가장 중요한 결정 중 하나는 협력자를 선택하는 일이다. 협력자 없이는 거의 아무것도 달성할 수 없다. 대부분의 사람은 자신을 도와줄 사람을 신중하게 선택하지 않고, 오히려 되는 대로 맡겨두는 사람조차 적지 않다."

이 말처럼 협력자의 존재는 매우 중요하다. 그리고 그들과 인맥을 형성하는 것 또한 대단히 신중하게 결정해야 하는 일이다. 이 책에서는 성공 파트너를 만들라고 조언하는데 먼저 우러러볼 수 있는 후견인 2명, 동료로서 관계를 맺을 수 있는 2~3명, 그리고 후배 중 자신이 돌봐주는 사람 1~2명 정도가 적당하다고 한다.

후견인은 배울 점이 많고 나를 적극적으로 도와주는 사람이라는 뜻이 있으므로 멘토 또는 스승이라고 할 수 있다. 스승과 동료는 모두 나의 성장에 있어서 매우 중요한 역할을 한다. 스승은 나에게 지식과 기술을 전달하고 새로운 아이디어를 제공한다. 그리고 나의 잠재력을 최대한 발휘할 수 있도록 돕는다.

동료는 서로 지식을 공유하고 지원해주는 역할을 한다. 또한 서로의 성취에 대해 축하하며 심리적인 버팀목이 되기도 한다. 그렇게 성장을 함께하는 존재가 바로 동료다.

인맥은 양보다 질이다

어떻게 스승과 동료를 만나고 친분을 쌓아야 할지 막막하기만 하다. 자기 분야에서 웬만큼 성과를 일궈내고 스승 반열에 오른 사람이 나 같이 평범한 사람을 아무 이유도 없이 제자라고 받아줄 리 만무하다. 요즘 같은 세상에는 진정한 스승을 만나기도 어렵지만 그런 스승과 인맥을 쌓기란 더욱 어려운 일이다.

그런데 대체로 스승 반열에 오른 사람들은 오랜 경력을 가진 만큼 나이가 많다. 늙음은 정신적 감각의 둔화를 가져오고 시대 변화에도 둔감하게 만든다. 그래서 현명한 스승은 새로운 시대 동향, 그리고 정상에서는 잘 보이지 않는 잠재적 기회나 위협을 제때 파악하기 위해 젊은 협력자를 활용하는 경우가 많다. 즉, 젊고 똑똑한 제자 또는 후배들을 곁에 두는 것이 본인에게도 유익하다는 판단을 하는 것이다. 이런 상황에서 자신이 스승의 필요에 부합하는 사람이 된다면 스승과 제자로서의 인연으로 연결될 수 있다.

동료 역시 마찬가지다. 동료 관계도 처음에는 '기브 앤 테이크'로 만들어지고 유지된다. 내가 먼저 적극적으로 손을 내밀고 상대가 반응했을 때 친분이 쌓이기 시작한다. 그리고 그 후에도 관계를 지속하기 위한 노력을 계속해야 한다.

하지만 우리는 현재 새로운 분야에 도전하는 입장이기 때문에 해당 분야에서 아는 사람이 거의 없다는 근본적인 문제가 있다. 그러므로 우선 인적 네트워크를 확장하는 노력부터 해야 한다.

인맥이 전혀 없는 상태라면 먼저 인터넷 웹사이트, 블로그, 소셜 미디어 등에서 관심 분야의 기술자 모임을 찾아라. 이를 통해 모임의 목적, 활동 내용, 참여 방법 등을 확인할 수 있다. 이미 기술자 모임에 참여하는 친구나 동료가 있다면 그들의 추천을 받아 모임에 합류하는 것도 좋은 방법이다.

기술자 모임은 비슷한 부류의 사람들끼리 정보를 공유하고 다양한 경험을 나눌 수 있기 때문에 참여자들 각자에게 모두 도움이 된다. 행사나 세미나에 참석하는 것도 인맥을 형성하는 효과적인 방법이다. 기술 관련 행사에 참석하면 관련 분야의 전문가들과 만날 수 있으므로 정기적인 모임 못지않게 인맥을 넓힐 기회가 된다.

또한 자신이 관심 있는 분야의 스터디 그룹에 참여하는 것도 하나의 방법이다. 만약 오프라인 활동이 제한되는 상황이라면 인터넷 커뮤니티에 가입하여 다른 기술자들과 온라인으로 소통함으로써 인맥을 넓힐 수 있다.

스승과 동료를 선택하라는 말이 나에게 도움이 될 것 같은 사람만 가려서 사귀라는 뜻은 아니다. 나보다 잘난 사람에게는 지식이나 정보 같은 것들을 얻고 때로는 직접적인 도움을 받을 수 있지만 친구와 동료, 후배들로부터는 공감과 지지, 위로를 얻을 수 있기 때문이다. 그래서 기본적으로는 다양한 사람들을 만나고 그들과 소통해보는 것이 좋다.

하지만 모든 사람을 대상으로 닥치는 대로 인맥을 확장하는 것은 현명한 방법이 아니다. 인맥이 너무 넓으면 관리가 안 되므로 결국 관계의 깊이가 낮아지기 때문이다. 일반적으로 유지 가능한 인간관계의 폭은 한계가 있기 마련이다.

인맥은 양보다는 질이 중요하고 인간관계에서도 선택과 집중이 필요하다. 사적인 인간관계, 직업적인 인간관계, 목표와 성장을 함께하는 인간관계 모두 마찬가지다. 많은 사람과 얕은 관계를 맺기보다는 소수의 사람들과 깊은 관계를 맺는 것이 더 유익하다.

결론적으로 말하자면 자신이 성장하고자 하는 분야에서 스승과 좋은 동료를 선택하고 그들과 인맥을 쌓는데 집중하라고 권하고 싶다. 그리고 나중에는 후배들까지 챙길 수 있다면 더 좋을 것이다. '빨리 가려면 혼자 가고, 멀리 가려면 함께 가라.'는 격언을 꼭 실천하기 바란다.

기술자를 넘어 기술직 관리자가 되려면

5장

경영자의 입장에서 생각하는 기술자가 돼라

고급 기술자는 현장 경영자다

국가기술자격증 중에서 기능장 시험의 경우 모든 종목에 '공업경영'이라는 과목이 포함된다. 공업경영이 뭘까? 경영은 경영인데 공업경영이라고? 기술 자격증 시험에 경영이 왜 나오는 거야? 기능장 시험을 준비하려고 공업경영 책을 집어들 때면 이 같은 의문이 든다. 기능장 시험 대비용으로 출간된 공업경영 책을 훑어보면 크게 품질관리, 생산관리, 작업관리, 품질비용 등이 중심 내용을 이루고 있다. 이 책은 마치 공장 같은 작업 현장에서 관리자가 공장을 최대한 효율적으로 운영하기 위해 만든 현장 지침서 같은 느낌을 준다.

현장에서 10여 년 이상 같은 일을 하다 보면 일이라는 게 단순히 닦고, 조이고, 기름칠만 해서 되는 것이 아니라는 걸 알게 된다. 일의 분량, 마감기한, 작업순서, 소요인력, 장비 및 자재, 비용 등 수 많은 요소들이 계획되고 관리되어야 일의 완성도가 올라간 다는 사실을 깨닫게 되는 것이다. 기능장은 현장 밥을 꽤 오래 먹은 사람들이 취득하는 자격증이다. 그래서 기능장 정도라면 일을 계획하고 관리하는 능력을 갖춰야 한다고 보는 것 같다. 그것이 기능장 시험에 공업경영 과목이 포함된 이유가 아닐까?

초급 기술자라면 자신이 맡은 일만 잘 처리해도 충분하다. 하지만 중급과 고급 기술자로 올라가기 위해서는 관리 역량을 갖출 필요가 있다. 고급 기술자에게는 관리자로서의 역할이 요구될 때가 많기 때문이다. 물론 '경험이 스승'이라고 오랫동안 이런 저런 경험을 하다 보면 자연스럽게 일의 완성도를 높이는 요령을 체득하게 된다. 그러나 그런 소극적인 태도로는 경쟁력을 갖춘 기술자가 되는데 한계가 있다.

회사의 규모가 작은 경우에는 회사의 사장이 경영활동의 모든 부분을 도맡아야 한다. 그래서 사장의 경영 마인드나 경영능력에 따라 회사의 성과가 크게 좌우된다. 그런데 소규모 사업체는 인적자원의 한계 때문에 경영활동에 일관성이 결여되거나 경영자의 전문성 부족으로 체계가 없는 경영이 이루어지기 쉽다.

규모가 큰 회사는 경영자의 역할이 계층별로 분업화되어 있다. 경영자는 계층구조에 따라 최고경영자, 중간경영자, 현장경영자로 구분한다. 최고경영자는 조직이 나아가야 할 방향과 모든 구성원에게 영향을 미치는 정책과 가치를 결정한다. 높은 직위를 가진 회장, 부회장, 사장단, 전무 등이 최고경영자에 해당한다.

중간경영자는 최고경영자가 설정한 목표를 현장경영자에게 전달하고 구체적인 내용을 알려주는 역할을 하는 경영자다. 일반적으로 상무, 부장, 차장, 과장 등의 직급을 가진 사람들이 여기에 해당한다. 현장경영자는 최전방 경영자로서 직원들의 일상적 업무를 관리 및 감독하는 역할을 수행하게 된다. 즉, 실무를 담당하는 사람들이기 때문에 팀리더, 파트장, 코치, 조장 등의 호칭을 가지고 있다.

고급 기술자는 관리자급 직원으로서 현장경영자 또는 중간경영자의 역할을 수행하는 경우가 많다. 또한 자신이 책임을 맡고 있는 일의 원활한 진행을 위해서는 경영자의 입장을 이해할 필요가 있다. 상위 경영자들도 경영자 마인드를 가진 기술자와 소통하는 것이 편하고 그들을 더 신뢰하게 될 것임은 당연하다.

경영자와의 소통은 중요한 관리기술

모든 일을 진행하기 위해서는 돈이 들어가기 마련이다. 그리고 돈을 쓰려면 돈을 집행하는 권한을 가진 사람의 동의를 구해야 하는데 그들이 경영진이다. 그래서 그들과의 소통을 어떻게 하느냐에 따라 일의 진행이 좌우된다고 해도 과언이 아니다. 고급 기술자는 관리자급 직원으로서 일이 원활하게 진행되도록 관리하는 역할을 수행해야 한다. 그러기 위해 자금집행 권한을 가진 경영진의 생각을 이해하고 그들과 막힘없이 소통하는 것이 중요하다.

경영자들은 어떤 생각을 가지고 있을까? 이른바 경영자 정신(business mind)이라고 하는 것에 대해 알아보자.

경영자 마인드는 경영자가 기업목표를 달성하기 위해 효과성과 효율성을 가진 여러 아이디어나 지혜를 추구하는 마인드다. 효과성이란 설정해 놓은 목표를 어느 정도 달성했느냐 하는 것이다. 목표에 가장 근접하게, 또는 그 이상으로 달성할수록 효과성이 증가한다. 효율성은 투입에 대한 산출의 비율을 말한다. 투입 요소에 비해 더 많은 산출물을 생산할수록 효율성이 증가한다.

예를 들어 광고 제작이라는 하나의 과업이 있다고 할 때, 효과성을 추구한다면 매출에 대한 기여도가 큰 '잘 팔리는 광고'를 만들어야 한다. 반면 효율성을 추구한다면 제작비용이 저렴하면서 물건도 잘 팔리는 광고를 만들어야 한다.

우리 회사의 경영진이 더 관심을 갖는 쪽은 효율성이다. 즉, 최소 비용으로 최대 효과를 내려고 한다. 그러다 보니 실무자들이 항상 고민을 많이 할 수밖에 없다.

실무자 입장에서는 경영자의 이런 마인드가 가끔은 야속할 때도 있다. 성능과 안정성이 우수한 1,000만 원짜리 장비를 쓰면 고장도 덜 나고 안정된 품질을 유지할 수 있는데 경영자는 성능과 안정성이 다소 떨어지는 700만 원짜리 장비를 쓰라고 한다. 이렇게 되면 고장이나 장애에 대한 위험을 실무자가 떠안아야 한다. 낮이든 밤이든 고장이 나면 처리를 위해 회사에 나가야 하기 때문이다.

하지만 확실한 건 300만 원을 절감했다는 사실이다. 300만 원을 절감하는 대신 그만큼의 위험을 실무자에게 전가하는 선택을 했다고 볼 수 있다. 그런데 경영자는 실무자가 300만 원만큼의 리스크를 몸으로 때우고 있다는 사실은 알지 못한다.

그런데 실무자도 이런 선택을 받아들일 수밖에 없다. 만약 실무자가 1,000만 원짜리 장비를 쓰겠다고 고집하여 경영자와 의견충돌이 생기고 선택이 계속 미뤄졌다면 실무자의 업무에도 차질이 불가피했을 것이다. 실무자의 입장에서는 700만 원짜리 장비라도 빨리 구매해서 쓰는 것이 업무차질을 최소화하는 길이라고 판단하게 된다. 이로써 실무자와 경영자는 모두 각자의 실리를 조금씩 챙길 수 있게 되는 것이다.

효과성과 효율성이라는 말은 보편타당한 말 같지만 무엇에 대한, 누구를 위한 효과와 효율인지가 중요하다. 자유는 우리가 추구해야 하는 보편타당한 가치다. 하지만 공공장소에서 술 마시고 노래할 수 있는 자유를 모두에게 주었을 때 누군가는 행복하고 누군가는 고통스러울 수 있다. 현장의 입장만, 또는 경영자의 입장만 강조하다 보면 회사의 효과성과 효율성을 저해하게 된다.

생각의 틀을 바꿔라

관리자의 능력은 2가지로 나뉜다. 첫 번째는 문제를 일으키지 않는 능력이다. 일반적인 직장인들이 주어진 업무를 정해진 기간 내에 완수하는 것은 문제를 일으키지 않는 능력이다. 하지만 주어진 일만 잘 처리해서는 중간은 갈지언정 남들과 차별화가 안 된다.

두 번째는 문제를 해결하는 능력이다. 문제 해결을 위해서는 먼저 문제가 무엇인지 파악할 수 있어야 한다. 기술자가 경영자의 입장에서 생각해야 하는 이유는 문제를 찾아내기 위해서다. 자신의 관점에서가 아니라 상급자의 관점이나 경영자의 관점에서 문제를 찾고 이를 해결하는 능력을 가진 사람이 진정한 능력자다. 상급자들은 이렇게 자신의 가려운 곳을 알아서 긁어주는 사람을 키워줄 수밖에 없다.

결국 경영자의 입장에서 생각한다는 것은 조직을 위해서뿐만 아니라 자기 자신의 처신을 위해서도 반드시 갖춰야 할 자질 가운데 하나라고 할 수 있다. 기존에 가지고 있던 수동적인 사고의 틀에서 벗어나야 한다. 시키는 대로 하고, 교육받은 대로 생각하는 직장인 마인드를 버리고 경영자 마인드로 생각의 틀을 바꿔야 한다. 생각이 바뀌면 기준이 달라지고 기준이 달라지면 당연히 결과도 달라지는 것이다.

②

자동화시스템에
길들여진
게으른 관리자들

시스템이라는 틀에 갇히지 마라

케이블TV의 전송망은 복잡한 구조를 가지고 있다. 서비스 범위도 광범위하고 가입자도 매우 많다. 따라서 전송망을 관리하고 운영하기 위해서는 여러 가지 시스템을 활용할 수밖에 없다.

우선 전송망 장애를 모니터링하는 NMS라는 프로그램이 있다. 또 전송망 노이즈를 확인할 수 있는 다른 종류의 NMS도 있다. 이 시스템은 특정 지역에 장애가 감지됐을 때 관리자의 휴대폰으로 장애 알람 문자를 보내준다. 가입자 셋톱박스나 모뎀의 상태를 모니터링 하는 프로그램도 있다. L2라는 인터넷 장비는 또 다른 프로그램으로 관리한다. 가입자 장비의 신호 값을 누적 기록하는 프로그램도 있다.

이렇게 여러 프로그램과 업무용 웹사이트, 그리고 스마트폰 어플리케이션이 있다 보니 로그인 아이디와 비밀번호도 너무 많아서 헷갈릴 때가 많다. 그래서 나는 스마트폰 메모장에 업무용 프로그램별로 아이디와 비밀번호를 저장해놓았다. 그런데 방금 메모장을 열어 세어보니 종류가 무려 27가지나 된다는 사실에 깜짝 놀랐다. 물론 이 중에서 자주 쓰는 것들은 몇 가지밖에 안 된다.

내가 하는 거의 대부분의 일은 이런 시스템을 활용해서 처리한다. 이는 반대로 말해서 이 시스템들이 없으면 일을 할 수 없다는 뜻이기도 하다. 실제로 어떤 프로그램이 오류가 난다든지 통신 장애가 발생하여 그것을 쓸 수 없게 됐을 때 나는 일을 하지 못하고 손 놓고 있어야만 한다.

걱정스러운 점은 시스템이 설치된 서버나 운영PC들이 오래돼서 종종 다운 된다는 것이다. 또는 알 수 없는 오류를 일으켜 갑자기 멈추는 경우도 있다. 그럴 때마다 나는 내가 너무 이런 시스템에 의존하고 있는 것이 아닌가 하는 생각을 하게 된다.

처음 이런 시스템을 도입하여 구축한 사람은 그 시스템이 어떤 목적에 의해 어떻게 운영되고, 어떤 기능들이 있는지 세세하게 알고 있을 것이다. 시스템을 구축하는 과정에서 충분히 검토하고 공부했을 테니 말이다. 그런데 시스템을 운영하는 담당자가 바뀌면 후임자는 시스템의 간단한 사용방법 정도만 인수인계 받는다. 그래서 후임자 때부터는 시스템의 활용도가 떨어진다. 그리고 한 번 더 담당자가 바뀌면 그 시스템은 아예 쓰지 않게 될 수도 있다.

내가 지금 쓰는 시스템들은 내 전임자의, 전임자의, 전임자가 구축한 것들이 많다. 결국 나도 시스템을 쓸 줄만 알지 이것들의 구조나 구동방식에 대해서는 잘 모른다는 말이다. 담당자로서, 기술자로서, 그리고 관리자로서 부끄럽게 생각한다.

우리 팀의 한 직원은 팀장님이 어떤 문제에 대해 원인과 영향에 대해 분석하라고 지시하자, 우리 회사에는 그런 걸 분석할 수 있는 시스템이 구축되어 있지 않아서 불가능하다고 대답하기도 했다. 이건 무슨 황당한 소리인가. 시스템이 없으면 일을 못한다고 대놓고 하는 말이 아닌가. 주객이 바뀌어도 한참 바뀌었다. 필요한 시스템이 있으면 담당자가 검토하여 직접 도입할 수도 있는 것이다.

시스템이 기술자의 일을 편하게 해주는 것은 사실이다. 그러나 그 편안함에 길들여지면 게으른 허수아비가 될 수밖에 없다.

나만의 매뉴얼을 만들자

혹시 어릴 때 집안에 굴러다니는 잡동사니들의 내부가 궁금해서 뜯어 봤던 적이 있는가? 나는 장난감, 소형 라디오, 자전거, 심지어 전등 스위치와 콘센트까지 뜯어봤다. 스위치를 뜯어봤을 때는 아버지에게 죽도록 맞았다. 무식하면 용감하다고, 전기가 살아 있는 채로 분해했기 때문이다.

나의 이런 괴짜 같은 기질 때문인지 나는 내가 운영하는 시스템에 대해서도 뜯어보고 싶어졌다. 모니터에 나타나는 정보들 말고 그 뒤에 있는 하드웨어적인 구조가 궁금했다. 그래서 먼저 그 프로그램에 대한 운영 매뉴얼을 찾아보았다. 시스템 구성도를 보며 어떤 장비들이 연결되어 있는지 보고 실제로 그 장비가 거기 있는지도 직접 눈으로 확인했다. 각각의 장비에 대한 매뉴얼도 해당 장비 제조사의 홈페이지에서 다운받아 읽었다. 장비들마다 사양이 다른데 어떤 기준에 의해 그런 사양으로 만들어졌는지까지 법적인 기술기준을 찾아보았다. 그러자 비로소 전체적인 그림이 그려지는 것 같았다.

대부분 기술 관련 매뉴얼은 덜 친절하게 되어 있다. 같은 전문가들이 볼 거라고 생각해서 그런지 약어를 남발하며 대충 만든 느낌이 든다. 그래서 나는 뭔가 아쉬운 듯한 매뉴얼을 내가 다시 만들기로 마음먹었다. 구성도를 다시 그리고 사진을 첨부하고, 구체적인 설명도 덧붙였다. 내가 공부해서 알아낸 사실들도 추가했다. 드디어 파워포인트로 30페이지가 넘는 매뉴얼이 완성됐다.

나는 내가 만든 매뉴얼을 PDF 파일로 변환해서 팀원들과 협력사 직원들에게 공유했다. 예상대로 사람들은 별로 관심이 없긴 했는데 나중에 내가 없을 때 이 매뉴얼을 보고 문제를 해결하라는 뜻에서 공유한 것이다.

그리고 나는 시간이 날 때마다 다른 매뉴얼을 계속 만들었다. 내가 자주 쓰는 시스템에 관한 것들이었다. 그리고 전송망 운영에 관한 매뉴얼도 만들었다. 그렇게 만든 매뉴얼이 10가지가 넘는다.

그렇게 하는 동안 달라진 것이 하나 있다. 내가 어떤 일을 하고 있는지 분명하게 알게 됐다는 것이다. 나는 내가 사용하는 시스템에 대해서도 기술적으로 더 깊이 이해하게 됐다.

초보 운전자가 내비게이션만 보고 다니면 운전 실력이 빨리 늘지 않는다. 운전할 때는 앞도 보고 옆도 보고 뒤도 봐야 하는데 내비게이션만 보고 있으니 실력이 늘지 않는 것이다. 기술자 역시 시스템에 의존하지 않으려면 시스템에 관련된 것들을 두루 공부해야 한다. 그래야 주체적으로 시스템을 운영할 수 있다.

일의 본질을
감싸는 말과
글이라는 포장지

프로에게 겸손은 미덕이 아니다

'재주는 곰이 부리고 돈은 왕서방이 챙긴다.'라는 말이 있다. 이 말은 왕서방이 곰의 재주를 이용하여 이익을 챙기는 반면 정작 재주를 가진 곰은 정당한 보상을 받지 못하는 상황을 두고 하는 말이다. 이는 노동자가 힘들게 노력하여 성과를 창출했음에도 그 성과를 상급자나 다른 사람이 가져가는 상황을 비유적으로 표현한 것이다.

객관적으로 보면 곰과 왕서방은 각자의 재능을 발휘하여 협력하고 협조하는 관계라고 할 수 있다. 그래서 일각에서는 이 속담에 대해 한 사람의 능력만으로는 모든 일을 처리할 수 없으므로 여러 사람이 각자의 역할을 인정하고 함께 협력하는 것이 중요하다는 뜻으로 해석하기도 한다.

회사 내에서 기술팀과 영업팀의 관계가 곰과 왕서방의 관계와 비슷하다. 영업팀은 필드를 누비며 회사의 제품 내지 서비스를 홍보하고 판매 계약을 성사시킨다. 그러면 기술팀이 고객이 있는 곳에 방문하여 제품 설치와 AS 등 기술적인 지원을 한다. 하지만 매출이라는 가시적인 성과를 올린 것은 영업팀이므로 최종적인 스포트라이트는 영업팀에게 돌아간다. 기술팀은 평소 제품의 고장률을 낮추는 방법, AS가 발생했을 때 최대한 빨리 처리하는 방법 등을 연구하지만 매출 증대와 직접적이 관련이 없는 시도들이므로 거의 부각되지 않는다.

그런데 나는 기술팀이 영업팀에 비해 덜 부각되는 이유가 단지 업무적인 차이 때문만은 아니라고 생각한다. 몇 년 전 우리 회사 워크숍에서 나는 기술팀과 영업팀의 결정적인 차이가 무엇인지 알게 됐다.

보통 워크숍에서 팀 업무에 대해 발표할 때는 팀장이 직접 발표하거나 해당 팀 내에서 발표를 잘하는 사람을 발표자로 내세운다. 그런데 몇 년 전 있었던 워크숍에서는 모든 팀원이 전부 돌아가면서 자신의 업무에 대해 발표하게 했다.

당시 기술팀이 먼저 발표를 했는데 나를 포함한 우리 팀원들의 발표는 매끄럽지 못하고 좀 지루했다. 내용 자체가 딱딱하기도 했지만 발표자들의 발표경험 부족이 가장 큰 문제였던 것 같다.

기술팀 발표가 끝나고 다음으로 영업팀의 발표가 이어졌다. 그런데 영업팀이 발표를 시작하자 듣고 있던 사람들의 분위기가 달라졌다. 발표자는 유머를 섞어가며 청중의 관심을 이끌었고 적절한 타이밍에 대표님에 대한 아부 멘트까지 곁들여서 대표님의 웃음을 자아내기도 했다.

두 팀의 발표를 다 듣고 나니 중요한 차이점을 알 수 있었다. 영업팀 직원들은 다들 발표를 잘했다. 아마도 업무 특성상 평소에 효과적인 커뮤니케이션에 대해 고민했을 것이고 사람들을 자주 대면하면서 자연스럽게 그 능력이 향상됐을 것이다.

반면 기술팀은 대부분의 시간을 컴퓨터, 장비, 기계와 씨름한다. 기껏 대면 업무를 한다고 해봤자 기술지원을 나갔을 때뿐이다. 또한 기술자들은 작업과 같은 몸 쓰는 행위를 일의 본질이라고 생각하는 경향이 강하다. 그래서 '입으로 하는 일'의 중요성을 간과하고 실제로 잘 못하기도 한다.

하지만 경우에 따라서는 기술자에게도 커뮤니케이션 능력이 요구될 때가 있다. 회사의 조직이 크면 분업화가 잘되어 있으므로 기술자는 본연의 업무만 하고 대외적으로 고객이나 관계자들과 소통하는 일은 관련 부서가 맡으면 된다. 그런데 규모가 작은 회사에서는 기술자들이 고객 및 관계자들과 직접 소통해야 하는 일이 자주 일어난다. 한때 내가 속한 부서의 이름은 '기술영업팀'이었다. 처음에는 '기술운영팀'이었다가 적극적으로 영업을 지원하라는 뜻에서 아예 부서 이름에 '영업'을 넣었다.

꼭 고객 응대나 영업을 위한 소통이 아니더라도 기술자는 자신이 맡고 있는 기술적인 업무 내용을 상급자나 제삼자에게 설명하고 필요에 따라 요구사항을 관철시킬 수 있는 정도의 말하기 능력을 갖출 필요가 있다.

나는 예전에 다녔던 회사에서 기술자의 말하기 능력이 얼마나 중요한지 직접 경험한 적이 있다. 당시 우리 회사는 전체 직원이 10여 명 정도로서 내부 조직이 영업부, 관리부, 개발부로 이루어진 작은 회사였다.

한번은 울산의 어느 지자체에서 발주한 재난 예·경보 장치 구축사업에 입찰 참여한 적이 있었다. 입찰 절차는 참여 업체들의 제안서를 평가하여 1차로 적격업체를 가려낸 후 입찰가격 순으로 우선협상 대상자를 선정하는 방식이었다. 어쨌든 당시 우리는 입찰 일정에 따라 조달청에 방문하여 우리의 사업수행 계획을 발표하게 됐다. 제안서는 영업 담당자였던 내가 작성했고 발표는 나의 상급자였던 영업부장이 맡았다. 준비를 꽤 오래 해왔던 만큼 발표는 순조롭게 진행되었다.

그런데 발표를 듣고 있던 평가단, 즉 재난 전문가들이 기술적으로 깊이 있는 질문을 하기 시작했다. 예상치 못했던 질문에 영업부장이 당황해 하자 우리 회사의 개발부장이 영업부장을 대신해서 발표를 이어갔다. 그런데 개발부장이 생각보다 말을 잘하는 것이었다. 기술적인 용어들을 적절히 구사하면서도 이해하기 쉽게, 그리고 예의가 있으면서도 자신감 있게 설명해 나가자 평가단들도 대체로 납득하는 것 같았다.

나는 평소 개발부장이 연구실에 틀어박혀 말없이 자기 일에만 몰두하는 모습을 봐왔었기 때문에 그가 그렇게 말을 잘할 거라고는 상상도 못했다. 개발부장의 훌륭한 발표 덕분인지 결국 우리 회사는 제안서 평가를 통과하고 최종 낙찰자로 선정되는 데도 성공했다.

일반적으로 말을 잘하는 사람들의 특징을 보면 우선 상대방의 말을 주의 깊게 듣는다는 것을 알 수 있다. 상대방의 말의 요지나 질문의 의도를 정확히 파악해야 적합한 대답을 할 수 있기 때문이다. 진정한 듣기는 상대방의 말에 귀를 기울이며 듣는 '경청'이다.

두 번째 특징은 차분하게 많이 읽는다는 것이다. 젊고 늙고를 떠나서 읽는 습관은 중요하다. 처음부터 책 한 권을 다 읽기가 부담스럽다면 짧은 인터넷 기사를 끝까지 읽어 보면서 읽는 습관을 들이는 것도 좋은 방법이다. 꼼꼼하게 읽다 보면 완성도 높은 문장에 자연스럽게 익숙해지면서 말을 할 때의 전달력도 좋아질 것이다.

세 번째는 글로 쓰는 습관이다. 글을 쓰면 자신의 생각을 정리하고 좀 더 정교하게 가다듬을 수 있다. 초등학교 방학 숙제로 일기쓰기가 빠지지 않았던 것도 이런 이유 때문일 것이다. 간단한 메모라도 좋으니 쓰는 습관을 들이기 바란다.

말보다 문서가 더 힘이 세다

유능한 기술자는 문서 업무도 할 줄 알아야 한다. 사무직처럼 능숙하지는 않더라도 자신의 업무와 관련된 문서를 이해하고 작성하는 능력 정도는 있어야 한다. 기술자가 하는 일 중에는 문서를 다뤄야 하는 업무가 생각보다 많기 때문이다.

대표적인 문서가 공문이다. 공문은 공식적으로 발행되는 문서다. 그 종류는 신청서, 허가서, 공고문, 협조문, 법규문서, 행정처분 문서 등으로 다양하다. 공문은 원칙적으로 조직의 장(長) 이름으로 작성하며 회사대 회사, 또는 기관 대 회사 간에 주고받는 공식적인 문서인 만큼 정형화된 형식에 따라 작성한다.

업무적인 문서를 작성할 때 문서에 대한 기본 개념이 머릿속에 잡혀있지 않으면 막막할 수밖에 없다. 다행히 문서업무 경험이 없는 사람들도 문서에 대한 개념을 잡고 실무역량을 키울 수 있는 방법이 있다. 문서 작성법을 가르쳐주는 책들이 많이 출판되어 있는데 그런 책으로 공부하면 된다.

업무적인 문서 작성은 수필이나 소설 같은 문학적인 글쓰기와 달리 제약사항이 많은 편에 속한다. 또한 목적이나 관점이 다르기 때문에 전개방식과 표현방식도 다를 수밖에 없다. 이런 차이를 올바르게 적용하기 위해서는 문서에 대해 제대로 인식하는 것이 중요하다. 문서의 목적과 결론을 먼저 정해놓고 배경, 필요성, 관련 근거, 기대효과 등을 살을 붙이듯이 추가 하면서 작성해 나가면 문서의 일관성과 논리성을 유지하는데 도움이 된다.

때로는 말보다 글의 힘이 더 강한 경우가 있다. 나는 예전에 우리 회사의 방침 중에서 문제가 있는 부분을 개선해달라고 관리부서에 여러 번 말로 요청한 적이 있다. 그러나 아무런 조치가 없었다. 그래서 요청 내용을 문서로 만들어서 관리부서에 보냈더니 개선이 이루어졌다.

말은 녹음하지 않는 이상 내뱉는 순간 사라지고 만다. 반면 공식적으로 주고받은 문서는 보관하게 되어 있으므로 사라지지 않는다. 문서에 적힌 내용이 말보다 힘이 강한 이유는 증거가 남기 때문이다. 그래서인지 직장생활 팁 중에 이런 말이 있다. "자신이 잘한 일은 문서로 보고하고 잘못한 일은 구두로 보고해라."

직장생활을 20여 년 가까이 해오고 있는 나의 경험에 비추어보면 때로는 일 자체보다 일의 본질을 감싸는 말과 글이라는 포장지가 더 중요한 경우가 있는 것 같다. 실컷 일을 다 해놨는데 일의 결과를 보고할 때 보고서를 못 써서 제대로 평가받지 못하는 경우도 있고, 반대로 일의 성과는 그저 그런데 보고서를 그럴싸하게 잘 써서 공로를 인정받는 경우도 있다.

안타까운 것은 일의 본질에 비해 고평가를 받는 쪽은 영업팀이나 기획팀 등 말과 글을 잘 사용하는 사람들이었고, 상대적으로 저평가를 받는 쪽은 과묵함을 미덕으로 아는 순진한 기술팀 사람들이 많았다는 사실이다. 기술자가 말을 못하거나 문서를 못 다루면 왕서방 같은 수완 좋은 동료가 나타나 기술자를 실컷 부려먹은 뒤 일의 성과를 가로채 갈지도 모른다. 공로를 빼앗기는 것은 둘째 치고 기술자가 자신이 받아야 하는 정당한 보상과 대우까지도 빼앗기게 될 수도 있다. 기술자들이 커뮤니케이션에 대해 더 신경 써야 하는 이유다.

말과 글은 본질을 감싸는 포장지다. 고급 제품이 싸구려 포장지에 싸여 있는 것을 본 적 있는가? 자신이 고급 기술자라면 자신을 감싸는 포장지도 좀 그럴싸하게 수준을 높여야 하지 않을까?

인간미가 실력을 더욱 빛나게 한다

엄격한 리더가 훌륭한 리더는 아니다

'국민 MC'라는 타이틀이 너무나 자연스러운 개그맨 유재석은 남녀노소 누구나 좋아하는 인기 예능인이다. 그는 예능 프로그램에서 자신의 개그 센스와 진행 실력을 발휘해 시청자들에게 웃음을 준다. 유재석은 예능인으로서 훌륭한 재능을 가졌을 뿐만 아니라 대단히 성실하고 건전한 사람으로 알려져 있다. 그가 2022년까지 19번이나 방송연예대상 트로피를 손에 쥐었다는 사실은 그의 성실함과 노력, 열정이 만든 당연한 결과라고 할 수 있다. 그런데 재능 있고 성실한 예능인이 유재석 한 사람만은 아닐 텐데 왜 유독 유재석은 다른 예능인들보다 더 큰 인기를 얻는 걸까? 나는 그 이유가 유재석의 인간미 때문이라고 생각한다. 유재석은 상대방의 지위나 나이에 관계없이 항상 타인을 존중하고 배려하는 인간미 있는 사람이다. 그는 신인들과 스태프들의 이름을 잘 기억하고 불러준다고 한다. 특히 그는 평범한 외모를 가지고 있음에도 언제나 웃음 띤 얼굴과 매너 있는 행동을 보임으로써 여성들로부터 많은 호감을 얻고 있다.

옛 어른들은 예의 없는 사람을 보면 "저런 싸가지 없는 놈, 앞으로 저런 놈이랑은 상종도 하지 마라!"라며 호통을 쳤다. 싸가지 없다는 것 하나로 그 사람에 대한 평가는 끝이다. 그 사람이 무슨 일을 얼마나 잘하는지는 중요하지 않다. 그냥 싸가지가 없으면 상종 못할 인간일 뿐이고 그가 아무리 잘난 놈이라도 더 이상 의미가 없는 것이다. 반대로 싸가지가 있는 놈은 실제보다 더 좋은 평가를 받게 된다.

대체로 선하고 성실하며 도덕적인 사람이 인간미가 있는 것은 맞지만, 선하고 성실하며 도덕적이라도 인간미가 없을 수 있다. 인간미가 없는 사람은 너무 바빠서 마음의 여유가 없거나, 인간관계보다 일을 더 중요하게 생각하거나, 아니면 무언가 한 가지에 지나치게 몰입해 있어서 주변 사람들을 제대로 인식하지 못하는 경우가 많다.

예를 들어 어느 회사에 A 팀장이 있는데 이 사람은 업무 시간에 말이 없고 묵묵하게 일만 한다. 팀 회의를 주관할 때도 딱 일 얘기만 한다. 팀원들이 가끔씩 업무 중간에 모여서 커피라도 마시면 잡담 그만하고 일이나 하라며 핀잔을 준다. 회식은 1년에 한 번 정도 하는데 그것도 밥만 먹고 끝낸다.

사실 A 팀장은 악의가 없는 선한 사람이다. 그런데 그는 공과 사를 명확히 구분하는 사람이다. 회사는 일하는 곳이므로 일이 최우선이며 일이 다 끝나지도 않았는데 사람들과 잡담을 나누는 것은 불성실한 근무태도라고 생각한다. 일을 더 잘하기 위해서는 에너지 낭비요소인 사적인 관계를 멀리해야 한다는 것이 그의 신념이다.

A 팀장은 팀원들을 무시한다거나 소홀히 여기는 사람은 아니다. 부도덕하지도 않다. 그냥 일을 가장 중요하게 여긴 나머지 다른 것들에는 거의 신경을 쓰지 않을 뿐이다. A 팀장은 선하고 성실하며 도덕적인 사람일 수는 있지만 인간미가 없는 것만은 분명하다.

직장이란 기본적으로 일하는 곳이 맞다. 그러나 직장은 사람과 사람이 함께 어우러져 살아가는 곳이기도 하다. 우리는 삶에서 가장 많은 시간을 직장에서 보내고 있으며 직장에서 만나는 사람들이 인간관계에서 상당히 큰 비중을 차지하고 있다. 그렇기 때문에 직장 사람들과의 관계는 삶에 있어서 매우 중요하다.

그런데 오랜 시간을 함께하는 사람들과 친밀하지 않다면, 그냥 건조하게 일만 한다면, 그러다가 조금이라도 사이가 불편해진다면 직장에 출근하는 발걸음이 가볍지 않을 것이다. 직장으로 향하는 우리의 발걸음을 무겁게 만들기도 하고 반대로 가볍게 만들기도 하는 사람은 직장 상사다. 그런데 의외로 직장에는 A 팀장 같은 상사들이 적지 않다.

이런 경직된 조직문화는 개선되어야만 하고 A 팀장 같은 상사들도 이제는 시대의 변화에 맞게 인식을 바꿔야 한다. 엄격한 리더가 꼭 훌륭한 리더는 아니라는 사실을 깨달아야 한다. 시대는 이제 인간미 있는 리더를 더 요구하고 있다.

우리 팀에 유재석이 있다면 어떨까?

인간미가 중요하다는 사실을 머리로는 충분히 이해한다고 해도 실제로 인간미 있게 행동하는 것은 다른 문제다. 인간적인 매력을 타고난 사람도 있지만 그렇지 않은 사람도 많기 때문이다. 어쩌면 인간적으로 보이는 사람들 중에는 인간관계를 위해 자신의 행동을 의식적으로 통제하고 있는 사람도 적지 않을 것이다. 즉, 후천적인 노력으로 인간미 있게 보일 수 있다는 말이다.

『카네기 인간관계론』은 세계인이 인정하는 인간관계 분야의 명저다. 누구나 이 책에서 제시하는 대로 행동하면 인간미 넘치는 사람이 되고도 남을 것이다. 문제는 이 책 역시 머리로는 이해가 되지만 평소 이 책의 내용대로 실천하기가 쉽지 않다는 데 있다. 많은 사람들이 자기계발 책을 읽고 나면 처음에는 자신감이 넘쳐서 평소와 다르게 행동한다. 그런데 며칠만 지나면 책에서 받은 감동이 점차 사그라지고 의욕도 꺾이게 된다. 그래서 다시 원래 하던 행동으로 되돌아가는 것이다.

결국 핵심은 자신이 바라는 이상적인 모습과 그것을 위해 자신이 취해야 하는 행동을 잊지 않는 것이다. 그래서 나는 롤 모델 모방하기 방법을 추천하고자 한다. 이것은 매우 직관적이고 쉬운 방법이다.

자신이 닮고 싶은 사람, 인간미 있는 사람을 롤 모델로 선정하여 그 사람과 똑같은 습관을 지니고, 똑같이 생각하고, 똑같이 말하고 행동하면 된다. 따라 하는 것은 가장 확실한 숙달 방법이다. 이런 상황에서는 이렇게 행동하고, 저런 상황에서는 저렇게 행동하고 같은 복잡한 규칙을 정해놓을 필요도 없다. 머릿속으로 한 사람만 떠올리면 된다. 만약 이 상황에서 그 사람이라면 어떻게 행동했을까 하고 말이다.

예를 들어 '나는 우리 회사의 유재석이다.'라고 자기암시를 걸어보면 어떨까? 유재석 같은 표정을 짓고, 밝은 목소리로 전화를 받고, 사람들에게 사소한 칭찬을 한마디씩 건네고, 유재석처럼 자기감정에 솔직하고, 자신이 국민 MC인 것처럼 사람들과의 대화를 주도해 보는 것이다. 마치 재미있는 역할 놀이라고 생각하고 하면 된다.

기술자는 조직에서 기술적인 역량을 발휘하여 문제를 해결하고 혁신적인 아이디어를 제시하는 역할을 맡고 있다. 그러다 보니 항상 어떤 문제에 몰입해 있는 경우가 많다. 그래서 자기 일에만 매몰된 채 주변을 신경 쓰지 못하는 A 팀장처럼 될 가능성이 있다. 기술자들이 대부분 딱딱하다는 평가를 받는 이유는 이런 업무 특성과 무관하지 않다. 기술자가 되면 나 역시 또 다른 A 팀장이 되는 것은 아닌지 늘 자신을 돌아봐야 한다.

우리가 지금부터 기술을 익히면 몇 년 후에는 '나이 많은 기술자'가 될 것이다. 하지만 인간미를 갖춘다면 그냥 나이 많은 기술자가 아니라 '인간미 있는 나이 많은 기술자'가 될 수 있다. 당신이 고객이라면 누구에게 일을 맡길 것인가? 그리고 동료를 선택한다면 어떤 사람과 함께 일하고 싶은가? 인간미 있는 기술자에게 더 큰 신뢰와 호감이 가는 것은 당연하지 않을까?

5

한 우물을
파기로 했으면
한눈팔지 마라

지름길은 빠른 대신 위험하다

월급쟁이로 밥벌이를 하다 보면 돈에 대한 시각이 바뀌기 시작한다. 돈을 벌고, 저축하고, 소비하고, 때로는 돈을 잃거나 빚지기도 하면서 돈이 자신의 생활과 지위, 사고, 감정 하나하나에 연결되어 있다는 사실을 몸소 실감하게 된다. 즉, 돈의 영향력과 가치를 이해하게 되는 것이다.

지금의 40대들은 90년대 말에서 2000년대 초에 사회생활을 시작했다.

그 당시 로버트 기요사키의 『부자 아빠 가난한 아빠』라는 책이 베스트셀러가 되면서 직장인들 사이에 재테크 열풍이 일었던 것으로 기억된다.

이때부터 카드대란, 모기지 사태, 글로벌 금융위기, 코로나 팬데믹 등 굵직한 경제적 이벤트가 이어지면서 투자자들에게 기회와 위기가 번갈아 찾아왔다. 현재는 과도한 인플레이션과 자산버블의 영향으로 향후 경기가 어느 방향으로 갈지 알 수 없는 위태로운 상황에 처해 있다.

이제 투자는 개인들에게도 너무나 익숙하고 당연한 것이 되어 있다. 이삼 년 전에는 주식과 부동산 시장에 투자 광풍이 일었다. 당장 투자를 해야 하는 분명한 이유가 없는 사람들까지도 무언가에 홀린 듯 투자에 뛰어들었다. 이제는 너무나 유명한 '파이어족(FIRE족)'이라는 신조어도 이때 생겼다.

투자란 자금을 어떤 투자 대상에 투입한 뒤 시간이 지남에 따라 투자 대상의 가격이 올라가면 그 것을 되팔아 수익을 실현하는 행위다. 그리고 그 결과로 얻는 이익이 투자 소득이다. 이때 중요한 것은 투자 대상의 가격 변화다. 가격이 투자한 시점보다 상승해 있으면 수익이고 하락해 있으면 손실이 된다. 즉, 투자는 수익과 손실의 가능성이 모두 존재하는 것이다.

과도한 투자, 또는 돈에 집착하는 행위는 심각한 부작용을 가져온다.

첫 번째는 돈에 대한 감각이 왜곡되고 근로소득의 가치가 훼손되는 경우다. 평범했던 주변 사람이 투자 성공으로 부자가 됐다는 이야기를 듣는다면 어떨까? 우선 돈이 다른 돈을 벌어주는 기적 같은 일에 놀라고 감격할 것이다. 투자가 바로 이런 거구나 하는 생각을 하다 보면 자신의 월급이 왠지 보잘것없고 시시하게 느껴진다.

두 번째 부작용은 주위 사람들에게 동요되어 섣불리 투자를 시작했다가 정신적 고통을 겪는 경우다. 누군가 투자로 큰 수익을 냈다는 소식을 들으면 부러움과 동시에 나만 투자를 안 해서 뒤처지는 것 같은 불안한 마음이 든다. 이런 현상을 '포모(FOMO)'라고 한다. 그러다가 다른 사람들을 따라서 더 많은 돈을 투자하게 되고 이런 행동이 지속되면 경제적 손실뿐만 아니라 도박 중독과 같은 정신적 문제로 연결될 수도 있다.

특히 주식투자는 중독성이 강하다. 주식에 몰두하다 보면 다른 것들에 소홀할 수밖에 없다. 주식을 생각하느라 업무에 집중하지 못하고 하루하루 주가의 등락에 따라 그날 기분이 좌우되기도 한다. 자칫 평범했던 일상이 완전히 파괴될 수도 있다.

투자는 멘탈이 강한 전문가들이 잘할 수 있는 영역이다. 철저한 계획에 의해 접근하는 것이 아니라면 괜히 그 쪽에 한눈팔 생각은 하지 않는 게 좋다.

우리 선배 세대는 돈에 대한 인식이 보수적이었던 시대를 살았다. 삶에 있어 가치의 우선순위는 근면, 성실, 정직함, 명예 등이었고 그런 것들을 추구하다 보면 돈은 자연히 뒤따라오는 것이라고 믿었다. 옛날이야 투자 대상과 투자 수단이 지금처럼 다양하지 않아서 그렇기도 했겠지만 어쨌든 선배들은 대체로 다른 데 한눈팔지 않고 성실하게 살아갔다.

우리가 선배들에게 배울 점이 바로 이것이다. 세상을 조금 살아봤다고 해서 세상에 대해 안다는 착각에 빠지면 오판할 가능성이 높다. 과욕과 오만함을 버리고 겸손한 자세로 성실히 살아가도록 하자.

사업? 그까짓 거 아무나 하는 게 아니다

근로소득은 대부분 사람이 얻는 주요 소득 중 하나다. 이는 개인이 직접 노력하고 일하는 노동에 대한 보상으로 지급되는 소득이다. 근로소득은 다양한 형태로 발생할 수 있는데 일반적으로 시급, 월급, 보너스, 수당 등이 포함된다.

이러한 소득은 대개 개인의 경제적 안정을 유지하고 삶의 질을 결정하는데 중요한 역할을 한다. 또한 근로소득을 얻기 위해 적극적으로 일하고 성과를 내는 행위는 개인의 성취감과 자아존중감을 높여준다.

그러나 한편에서는 근로소득이 주는 안락함이 사람들을 현실에 안주하게 한다는 비판적인 시각도 있다. 어떤 사람이 보통 수준의 월급을 받는 그냥 저냥 괜찮은 일자리를 가지고 있으면 그 사람은 영원히 그 일자리를 고수하려 하고 더 나은 삶을 위해 위험을 감수하려 하지 않는다는 것이다.

이 말은 현재의 삶에 안주하지 말고 직장 밖으로 나가서 더 큰 성공의 기회를 잡으라는 뜻이겠지만, 그 기회 앞에는 많은 위험이 함께 존재한다는 사실도 간과하면 안 된다. 또한 현실에서는 평균과 확률을 무시한 드라마틱한 상황이 펼쳐지기 어렵다는 점도 생각해야 한다. 자신과 같은 회사에 다니는 100명의 직원 중에 한두 명이 회사를 나가 성공했다고 해서 그들이 표준이라고 착각하면 오산이다.

막상 사표를 던지고 나왔는데 자신이 추구하는 목표까지 가는 길에 생각보다 너무 많은 난관이 있어서 본인이 감당하지 못하게 되면 낭패가 아닐 수 없다. 도전정신과 무모함을 혼동하지 말기 바란다.

기회는 직장 안에도 있으며 직장에 다니면서 다양한 학습과 경험을 통해 여러 기회를 만들어낼 수도 있다. 오히려 직장이 주는 안정감 속에서 목표하는 일을 계획하고 꾸준하게 추진해 나간다면 성공 확률이 더 높을 것이다.

근로소득은 현재의 생활을 안정적으로 유지시키며 미래를 위해 다른 일을 도모할 수 있는 바탕을 마련해준다. 또 자신을 성장시키는 데 들어가는 비용을 지불할 수 있게 해준다. 젊은 시절 일해서 번 돈으로 자신을 성장시키고, 성장한 자신은 늙어서도 계속 돈을 벌 수 있는 이 선순환이야말로 가장 이상적인 근로소득의 쓰임이라고 할 수 있다.

변화를 위한 사소한 도전 3가지

40대는 어떤 형태로든 인생의 쓴맛을 한 번쯤은 봤을 나이다. 그 이유가 주식이나 부동산 투자로 입은 막대한 손실 때문일 수도 있고 실직이나 사업 실패 때문일 수도 있다. 또는 사랑하는 사람과의 이별이나 이혼, 혹은 믿었던 사람의 배신으로 인한 것이거나 불의의 사고, 사기, 차별 등이 원인이었을 수도 있다. 아니면 자신의 건강 문제로 인해 직접적인 고통을 겪은 사람도 있을 것이다.

그러나 40대에 성공한 인생, 실패한 인생을 논하기는 아직 이르다. 지금은 성공한 것 같은 순간과 실패한 것 같은 순간을 지나고 있을 뿐이기 때문이다. 몇 번이고 상황을 반전시킬 만한 충분한 시간이 있다는 말이다.

변화된 삶을 위해 지금부터 할 일을 간단하게 3가지로 제안하고 한다. 우선 지금보다 나빠지지 않는 방향으로 몸을 트는 것부터 시작하기 바란다. 성공은 실패하는 습관을 버리는 것에서부터 출발한다는 말이 있다. 나쁜 습관을 버리는 것은 좋은 습관을 갖는 것보다 훨씬 쉽고 빠르다. 흡연과 과음, 무분별한 식습관, 게으름, 지저분함, 무책임함, 그리고 무례함 등 자신의 나쁜 습관을 인식하고 고치려는 노력을 해야 한다.

다음으로는 작지만 새로운 도전을 계속 시도함으로써 '도전하는 힘'을 길러야 한다. 사소한 것일지라도 새로운 것에 도전하고 그것을 달성하는 과정을 반복하다 보면 점점 자신감이 상승하고 두려움은 사라지게 된다. 또한 그러면서 다양한 정보가 쌓여 이전과는 다른 시각으로 세상을 볼 수 있게 된다.

세 번째 할 일은 자신의 관심 분야에 대한 목표와 계획을 세우고 본격적인 배움을 시작하는 것이다. 목표는 한 문장으로 표현할 수 있도록 분명하게 설정하기 바란다. 다소 과도해 보이는 목표도 괜찮다. 그동안 길러왔던 '도전하는 힘' 덕분에 자신감 있고 현명하게 목표를 향해 나아갈 것이기 때문이다.

장기적인 계획에 있어 최대의 변수는 외부에 있는 것이 아니다. 자기 자신이 가장 크고 중요한 변수다. 지금 변화를 시도하지 않으면 그 대가는 노후에 늙고 힘없는 당신이 져야 한다. 아니면 자식이 지게 될 수도 있다. 자식도 살기 어려운데 부모인 당신까지 돌봐야 할 테니 말이다. 그러니 하려고 했던 일이 있다면 미루지 말고 오늘부터 즉시 시작하기 바란다.

나를 믿고 지지해주는
가족을 위해

우리 어머니는 걱정이 참 많으시다. 평생을 궁벽한 시골에서 농사만 지으며 사셨으니 바깥세상이 어찌 돌아가는지 잘 모르신다. 그래서 좀 더 겁이 많으신 것 같다.

내가 20대 때는 내 월급이 너무 적어서 먹고살기 어렵다고 걱정하고, 매번 이직할 때마다 회사에 괴롭히는 놈 없느냐고 걱정하고, 오래된 소형차를 타고 다닐 때는 엄마가 돈이 없어서 차도 못 사준다며 걱정했다.

8년 전, 내가 대기업으로 이직했다고 하니 기뻐하는 것도 잠시뿐, 대기업이 구조조정을 자주 한다는 소리를 어디서 들었는지 또 다시 걱정하셨다. 승진을 했더니 회사에서 일찍 잘릴까 봐 걱정이 더 커졌다. 어머니는 부업이 농사일이고 본업은 걱정하는 일이 아닐까 하는 의심이 들 정도로 걱정이 많다.

그 걱정의 근원은 어디에 있을까? 바로 자식인 나다. 내가 못살까 봐 항상 불안하고 걱정이 되는 것이다. 어머니는 자식을 좋은 학교에 보내지 못하고 번듯하게 키우지 못했다는 미안함 때문에 평생을 걱정 속에서 살고 계신다.

그래서 나는 어머니를 위해 선의의 거짓말을 했다. 완전히 거짓말은 아니고 과장을 좀 많이 했다고 할 수 있다. 나는 내가 취득한 여러 자격증을 어머니에게 보여주며 이건 뭐고 저건 뭐라고 설명하면서 이것들만 있으면 평생 먹고사는 데 지장이 없다고 자랑하듯 말했다. 그리고 이제 내 걱정은 하나도 할 필요 없다고 덧붙였다.

그러자 어머니의 표정이 밝아졌다. 어머니는 내 말을 정말로 믿으신 건지 지금은 예전보다 훨씬 마음 편하게 살고 계신다. 나는 여전히 월급쟁이로 살고 있는데 말이다.

사실 어머니만 나를 걱정했던 것은 아니다. 나도 내가 걱정된다. 처자식이 있는 마당에 앞으로 어떻게 살아가야 하나 걱정이 끊이지 않는다. 하나뿐인 아들을 잘 키워내야 하지만 우리 부부의 노후도 준비해야 하기 때문이다.

나는 그동안 기술을 배운 덕분에 당장은 먹고사는 데 지장이 없다. 그리고 이변이 없는 한 앞으로도 계속 기술자로 살아갈 생각이다. 그런데 평생 이 기술 하나만 믿고 살기는 어렵다. 어쩔 수 없이 세상의 변화를 주시하며 변화된 시대에 맞는 새로운 기술을 다시 공부해야 한다.

내가 경험해보니 직장생활과 공부를 병행하는 것은 정말 어려운 일이다. 진작 알았다면 학생 때 공부를 더 할걸 그랬다. 그런데 이제 와서 후회를 한 다발 늘어놓는다고 뭐가 달라지겠는가.

하지만 역시 내가 경험해보니 뭐든지 하려고 마음만 먹으면 할 수 있을 것 같다. 중요한 것은 왜 해야 하는지 분명한 이유를 아는 것이다. 어머니의 걱정 병이 다시 도지지 않게 하는 것, 아내와 아들에게 가장으로서의 신뢰를 지키는 것, 모두가 내가 힘을 낼 수 있게 하는 이유다. "김 서방은 사람이 참 부지런해."라는 장모님의 칭찬도 큰 힘이 된다. 마치 부모님의 칭찬을 갈구했던 어린 시절로 되돌아간 느낌이다. 이런 이유가 있기에 지난 몇 년이 즐겁고 보람됐던 것 같다.

나는 원래 성격이 좀 모나고 별 볼 일 없는 사람이었다. 그럼에도 가족들은 여전히 나를 믿고 지지해준다. 이런 가족의 기대에 부응하기 위해서라도 나는 내가 할 수 있는 일들을 계속해나갈 것이다. 그리고 무엇보다 나 자신을 위해 평범했던 삶을 변화시켜볼 생각이다.